가정경제 재구성

이 책을 활용하는 법

1. 이 책은 예비부부/ 부부/ 부모와 장성한 자녀가 함께 읽고, 이야기를 나누면 훨씬 효과적입니다. 1인 가구라도 이 책을 통해 경제를 바로 세우는 훈련을 할 수 있습니다.

2. 가정경제 훈련 교재로 구성하였으니 본문을 따라 적극 참여하시면 돈 갈등을 풀고, 가정경제를 재구성하는 데 도움이 될 것입니다.

3. 책과 연계하여 '지속가능한가정경제연구소'에서 가정경제 재구성을 위한 '역할 중심 상담 및 드라마 치료 프로그램'을 운영하니 참여를 원하는 분은 문의바랍니다.

문의 02-2057-5140 www.shei.kr

돈 갈등, 제발 풀고 살자!

가정경제 재구성

박상훈의
지속가능한가정경제연구소

피톤치드

추천사

삶의 중심은 '돈'이 아니다. 삶의 목표, 방향이 앞서가면 돈은 뒤따라오는 것이다. 그러나 돈을 중심으로 삼고 사는 사람이 참 많다. 치아가 건강의 근본임을 잘 알아야 하듯 무엇이 삶의 근본인지 깨닫는 것이 중요하다. 그 근본을 잊고 재물에 집착하면 백만장자는커녕 서서히 치아가 썩어가듯 인생이 망가지게 된다.

이 책은 돈보다 중요한 것이 무엇인지 발견할 수 있도록 자신의 삶을 돌아보게 한다. 가정경제를 재구성할 수 있는 관점과 실천적인 대안은 돈에 대한 갈등의 원인인 불안과 공포의 장막을 잠시 거두게 할 것이다. 돈에 대한 걱정과 갈등으로 어려움을 겪을 때 손 내밀어주는 귀인과도 같은 값진 책이 될 것이라 믿는다.

고도원 아침편지문화재단 이사장

세상의 모든 문제는 돈에서 시작하고 돈으로 끝나는 듯하다. 그만큼 우리가 사는 모든 이야기가 돈에 얽혀 있다. 심청이도 돈만 있었다면 팔려가지 않았을 것이고, 흥부도 돈만 있었다면 형수에게 주걱으로 싸대기를 맞지 않았을 것이다. 마찬가지로 오늘날 부부의 이혼 문제도, 청년들의 취직 문제도 결국은 돈의 문제다. 그런데 우리는 단순하게 돈을 더럽게 취급하거나 돈을 사랑하는 극단적 사고를 알게 모르게 습득하면서 부모에게서 보았던 돈에 대한 원한 맺힌 삶을 반복적으로 살아간다.

그러나 현대는 돈에 대한 분명한 가치관과 현실 인식 없이는 그 어떤 계획도, 삶도 이루어지지 않는다. 그래서 돈에 얽혀 있는 자신과 가족, 그리고 공동체의 문제를 극복하는 훈련이 필요하고, 내 자신에 맞는 재정 훈련이 필요하다. 이제는 이 문제를 부모가 해결해줄 수 있는 시대가 아니다. 그렇다고 해서 학교가 이 문제에 대한 답을 명확히 제시해줄 수도 없다.

그런 의미에서 이 책은 부모처럼, 교사처럼 우리 삶에서 가장 중요한 돈에 대한 문제를 다룰 수 있는 길을 친절하게 알려준다. 돈을 제대로 관리하기 위해서는 자동차를 운전하는 것처럼 좋은 길을 가는 능력과 흙탕물을 피하는 감각이 필요하다. 그런 점에서 박상훈의 지속가능한가정경제연구소가 이 책을 통해 가정경제를 재구성하는 길을 제안해주어 얼마나 고마운지 모른다. 이 책은 운전하는 방법을 모르면 걸어 다녀야 하듯 돈을 운전할 수 없으면 돈에게 끌려가는 인생을 살수밖에 없다는 사실을 말하고 있다.

김세준 현대드라마치료연구소 대표, 치유상담대학원대학교 교수 사람은 인생이라는 연극 무대에 서서 무엇이든 잘하고 싶어 한다. 우리는 다양한 역할을 요구받지만 기대와 현실 사이에서 갈등을 겪곤 한다. 행복하기 위해 수고를 아끼지 않지만 그 마음이 상처가 되어 돌아올 때도 있다. 세상은 빠르게 변하고 있다. 《가정경제 재구성》은 그런 상황에서도 무너지면 안 되는 핵심 가치인 가족, 관계를 지키기 위한 해법을 제시하고 있다. 돈을 불리기 위한 방법을 담고 있는, 시장에 넘쳐나고 있는 재테크 책이 아닌, 돈으로부터 사람을 지키기 위한 방법을 알려 주는 아주 유익한 책이다.

이홍렬 방송인, 《인생 뭐 있다》 저자

돈이 있다고 반드시 행복하지는 않지만, 행복한 가정은 돈 갈등을 건강하게 풀어간다. 이것이 가정에서 돈 갈등을 풀어야 하는 이유다. 하지만 그 길을 잘 모르는 사람들이 많아 안타깝다. 장수 시대에 돈 갈등에 시달리며 노후를 보내게 될지도 모른다. 그런 면에서 돈 갈등을 푸는 방법을 하나하나, 차근차근 설명해주는 책이 나와서 무척 반갑다. 이 책이 행복한 가정경제로 인도하는 문이 되길 바라며, 지금부터라도 많은 가정이 현명하게 돈 갈등을 풀어나가기를 권한다.

김경록 미래에셋은퇴연구소장, 《1인 1기》 저자

이 책은 가정경제를 지속 가능하게 하려면 어디에서부터 무엇을 시작해야 하는지, 어떻게 해야 하는지 현실적인 대안을 제시하고 있다.

또한 보이지 않는 돈 갈등의 문제를 해결할 수 있도록 돕고, 역지사지의 마인드와 삶의 균형에 대한 이야기로 가정경제 문제를 풀어가도록 유도한다.

이 책을 통해 월급으로 살면서 적시에 사용할 수 있는 돈을 어떻게 시스템화할 것인지에 대한 대안을 찾고, 가정경제의 인적, 물적, 시간자원을 어떻게 관리할 것인가에 대한 시선을 갖게 될 것이다.

이 책은 저자와 독자 또는 독자들끼리 모여 가정경제에 대해 자유롭게 소통할 수 있는 책으로써 매우 가치가 높다. 우리 가정경제에 관한 답을 찾는 필독서가 되길 바란다.

정운영 (사)금융과 행복 네트워크 의장

가정경제가 경제 주체 중 하나라는 것은 줄곧 들어왔지만, 급변하는 사회에서 어떻게 가정경제를 꾸려야 하는지는 학교 선생님들도, 부모님도 제대로 가르쳐주지 않았다. 많은 사람이 근면, 성실, 절약, 정직 정도의 원론적인 덕목을 들이대며 누군가의 빈곤은 그 사람의 부덕의 소치라 여겼다. 이 얼마나 부적절한 생각인가. 개인의 역량에만 맡겨왔던 이 영역에 누군가의 공적인 기여가 절실했다.

그런 의미에서 《가정경제 재구성》은 박상훈 소장과 그의 팀이 마련한 친절하고도 집요한 경제 안내서라 할 수 있다. 가정경제의 교과서로 삼을 만한 내용들이 아주 넉넉히 담겼다. 신혼 설계부터 노후 대비까지 다룬 전생애적인 시각이 참으로 고맙다.

특히 이 책이 나의 마음을 사로잡은 것은 '돈의 흐름을 보는 시각에서 사람들의 삶을 바라보는 시각으로' 자연스럽게 변화시켰다는 점이다. 말하자면 독자들에게 작은 경제 행위를 하는 동기를 지속적으로 돌아보게 하는 포인트들을 제공한다.

책 제목의 키워드인 '재구성'에 주목한다면, 이 책은 초심자들은 물론, 이런저런 시도를 했음에도 불구하고 여전히 전전긍긍하고 있는 부부와 가족들에게 의미하는 바가 클 것이다. 이 책을 함께 읽고 워크숍을 진행한다면 서로를 더욱 응원하는 효과가 있을 것이다. 그간 갈등의 원인이었던 '돈'을 소재로 하고 있지만 서로를 경쟁자가 아닌 공존과 지지의 파트너로, 자원의 공유자로 인식하게 되는 멋진 여정이 될 것이다.

황병구 공익경영 컨설턴트, 《관계 중심 시간 경영》 저자

누군가의 삶은 늘 머니 스토리다. 돈을 어떻게 벌고, 어떻게 쓰고, 어떻게 불리고, 어떻게 나누는지를 보면 그 사람의 인생을 알 수 있다. 좋은 인생 스토리를 쓰려면 돈과의 좋은 만남, 좋은 관계가 필요하고 돈에 대한 건강한 가치관과 돈을 다룰 줄 아는 역량이 필요하다. 그런데 이 책은 나의 머니 스토리가 아니라 우리의 머니 스토리가 중요하다고 말한다. 그리고 '돈이 아니라 사람이 주인공'이라고 말한다.

그렇다. 인생이라는 마차를 끌고 가는 두 마리 말은 바로 '가족'과 '돈'이다. 두 말이 균형 있게 제대로 달릴 때 행복한 스토리가 만들

어진다. 나의 머니 스토리, 나만의 멋진 스토리가 아니라 '우리의 멋진 스토리'가 더 행복하고 의미 있다고 주장하는 이 책은 그래서 더 읽을 만하다.

이 책에는 박상훈 소장의 진정성과 성실함, 그리고 독자에 대한 사랑과 예의가 가득 담겨 있다. 결혼을 통해 새롭게 가족을 구성하는 사람들, 이미 가족으로 존재하지만 돈 갈등으로 함께 만들어야 할 아름다운 이야기를 만들어내지 못하고 있는 사람들에게 꼭 필요한 질문을 던지고 그 질문에 대한 답을 친절하게 알려준다.

이 책을 선택하는 마음과 이 책을 함께 읽어나가는 과정이 건강한 돈 이야기를 통해 멋진 가족이 되기를 꿈꾸는 모든 사람에게 도움이 될 것이라 믿는다.

신성진 배나채 대표, 배나채재무심리센터장. <중앙일보> '돈의 심리학' 연재

사람에 대한 따뜻한 시선을 가진 박상훈 소장이 내놓은, 돈을 바라보는 남다른 시각의 책이다. 대부분의 재정 전문가들이 '돈을 어떻게 다루어야 더 많이 벌고 더 잘 굴릴 수 있을까?'에 초점을 맞추고 있다면 박상훈 소장은 '돈으로 인해 깨질 수 있는 관계'에 집중한다. 박상훈 소장의 책을 읽다보면 돈으로 인해 얽혀 있는 여러 가지 갈등을 해결하는 능력을 배우게 된다.

김의수 돈걱정없는우리집지원센터장

목차

03

순자산을 키우는
재무 설계의 재구성

04

긴 노후를
재구성하라

05

가정의 자원을
재구성하라

스스로, 더불어, 신나게!

사람이란 무엇인가?
사람은 무엇으로 사는가?

이 질문에 대한 가장 솔직한 대답은 무엇일까요? 우리는 의식주 생활을 통해 '나/너/우리는 누구이며 무엇으로 사는지'를 적나라하게 드러냅니다. 무엇을 먹고 입는지, 어디서 자고 일어나는지 등을 보면 그 사람이 누구인지 어느 정도는 알 수 있습니다. 그 중심에는 '돈'이 있죠. '돈을 어떻게 벌고, 어디에 쓰고, 어떤 이들과 나누는지'를 꼼꼼하게 들여다보면 개인은 물론 가정과 사회, 기업, 공동체, 국가의 가치를 잘 알 수 있습니다. 특히 자본주의 사회에서 돈은 사람이 어떤 관계를 맺고 사는지, 그의 중요한 가치는 무엇인지를 숨김없이 보여주는 척도입니다.

가정 문제의 상당 부분은 돈과 연결되어 있습니다. 그러나 안타깝게도 많은 사람이 돈과 관련한 여러 문제를 다각도로 접근하고 풀어나가는 능력을 훈련하지 않습니다. '돈 이야기하는 거 너무 껄끄러워', '말하면 입만 아프지. 정말 속 터져'라고 생각하며 현실을 외면하고 상황을 회피해 끝내 무너지는 사례가 얼마나 많은지 모릅니다.

우리 삶은 갈등을 빼고 생각할 수 없습니다. 혼자 산다 해도 나 자신과 갈등에 빠지기도 하죠. 끊임없이 나 자신 혹은 타인과 갈등을 빚고, 이해하고 설득하고 타협하면서 관계의 균형을 이루고 안정된 삶의 구조를 만들어가는 것. 그것이 바로 우리가 감당해야 할 인생입니다.

그런데 그 과정이 만만치 않습니다. 갈등이 일어나는 상황을 참아내기란 쉽지 않습니다. 아예 모른 척하면 속이라도 편해질 것 같지만, 문제는 알아서 사라지지 않습니다.

갈등은 물리쳐야 할 적이나 질병이 아닙니다. 평생 인연을 맺고 지내야 할 친구라고 생각하는 것이 맞겠네요. 때로는 나를 아프게 하기도 하지만 사람 되게 만드는 부담스러운 존재라고 할까요? 그래서 돈으로 인한 갈등을 잘 받아들이는 것이 중요합니다.

대한민국의 '금융 지수'는 OECD 국가 중 최하위권이라고 합니다. 어려서부터 제대로 '경제 교육'을 받지 못해 생활이 엉망이 되었다고 한탄만 하시겠습니까? 더 늦기 전에 돈 갈등을 풀어야 합니다. 일단 역할 균형을 이루고, 문제를 하나둘 풀어나가며 삶의 질을 향상시키고 나와 너, 우리의 인격이 더불어 성장하는 기쁨을 누려야 합니다. 막연히 돈 걱정에 시달리기보다 준비된 것에 만족하며 살아가면 좋겠습니다.

경제적으로 어려운 현실은 끊임없이 이어질 것입니다. 현명한 경영자는 힘겨운 상황에 처하면 인간 삶의 가장 근원적인 물음으로 돌아갑니다.

'나는 누구인가? 너는 누구이며 우리는 누구인가?'
'나/너/우리는 어디로 가고 있는 것인가?'

경제가 어려운데도 인문학 열풍이 부는 이유가 무엇일까요? 다시 본질로 돌아가기 위해서입니다. 내달리던 걸음을 멈추고, 우리가 왜 미친 듯이 일하고, 먹고, 마시고, 쓰는지 질문하려는 것입니다. 그때야

비로소 나를 대신해 누군가가 길을 찾아주지 못한다는 것을 깨닫습니다. 그때야 비로소 문제를 풀어갈 힘을 얻고 '스스로' 방법을 찾아나섭니다. 그러면 다른 사람과 더불어, 신나게 살아갈 여력이 생깁니다.

가정경제는 그렇게 돌아가야 합니다. 혼자 살든, 둘이 살든, 그 이상이 살든 돈 갈등에 직면하고 '스스로, 더불어, 신나게!' 돈과 사람을 지켜야 합니다. 그래야 넘어지더라도 다시 일어설 수 있습니다.

《가정경제 재구성》은 돈 갈등의 핵심으로 들어가 '역할과 이야기 재구성'으로 문제를 풀어보고자 합니다. 그래서 '돈과 사람에 대한 가치와 철학'이 역동적으로 '지속 가능한 가정경제'를 떠받칠 수 있게 만들고 싶습니다. 이 책을 통해 가정경제를 바로 세우고, 계속 훈련하기 원하시는 분은 저희 연구소로 연락 주십시오. 함께 고민하고 길을 열어가겠습니다.

01

돈 갈등,
역할로
재구성하라

돈에 대한 첫 경험

돈이란 무엇인가요?

용어의 정확한 개념을 묻는 것이 아닙니다. 당신에게 돈은 어떤 의미인지 묻는 것입니다. 제 아내에게 '돈에 대한 첫 경험'을 물어보았습니다. 이런 질문을 한 이유는 돈과 관련하여 가장 인상 깊었던 경험과 기억이 아내의 머릿속에 어떻게 심어졌는지 궁금했기 때문입니다.

아내가 네 살 때 어머니는 돌아가셨고, 큰언니가 어머니의 자리를 대신해주었습니다. 그런 언니가 어느 날 500원을 쥐어주며 자신을 두고 어딘가로 도망가려던(?) 기억이 가장 먼저 떠오른다고 했습니다.

달동네에 살던 시절, 언니는 가난한 형편 때문에 식모살이를 하러 가야 했습니다. 그런 사정을 알 리 없는 어린 그녀는 "언니, 어디 가? 가지마! 돈 필요 없어!"라고 고래고래 소리 지르고 펑펑 울며 500원을 냅다 집어던졌다고 합니다. 그래서 '돈' 하면 항상 '돈보다 사람, 사랑이 먼저'라는 생각이 든답니다.

저는 아내의 눈물겨운 사연을 들으며 눈치 없이 "잠깐! 미안한데… 당신 어렸을 때는 500원짜리 동전이 없었을 텐데?"라며 세심하게 팩트를 체크해주었습니다. 아내는 "아냐. 500원 맞는데… 하여튼 동전이었어"라며 이야기를 계속했습니다. 참고로 1982년에 500원짜리 동전이 나왔으니 당시 아내가 초등학생이었다면 500원이 맞습니다.

만약 내가 그 당시 아내 곁에 있었다면 어떻게 했을지 상상해보았습니다. 아내는 우스갯소리로 "당신은 500원을 냉큼 주어다 오락실 가서 너구리나 한 판 하자고 했을 것 같은데?"라며 웃었습니다. 아무튼 아내의 이야기를 듣는 동안 마음이 뭉클했습니다. 참 어려운 시절을 보냈지만, 아내의 마음속에 '돈보다 사람, 사랑'이 크게 자리 잡고 있어 감사했습니다.

돈에 대한 저의 첫 경험은 아버지의 철제 금고에서 50원을 훔쳤다가 엄마에게 걸려 혼난 일입니다. 그렇게 야단을 맞고도 '돈을 훔치면 안 돼'라고 반성하기보다 '금고에는 항상 돈이 있어'라는 생각만 했던 것 같습니다. 제가 어릴 적에 아버지는 시골 면사무소 부근에서 전파상을 하셨습니다. 집에는 항상 이런저런 가전제품이 수두룩했고, 손님들이 자주 찾아와 물건을 구입하니 당연히 금고에 돈이 가득 찼을 거라고 믿어 의심치 않았던 거죠. 그래서 '돈' 하면 '아버지의 철제 금고'가 가장 먼저 떠오릅니다.

초등학교 시절, 우연히 학교 교무실 난롯가에서 선생님들이 저를 두고 '전파상을 하면 생활이 좀 어렵지 않아?'라는 느낌의 대화를 주고받는 소리를 들었습니다. 저로서는 너무 의아했죠.

'우리 집 잘 사는데, 왜 걱정을 하시지?'

중학교 2학년 때 경기도 부천으로 전학을 가서야 우리 집 형편이 어느 정도인지 깨닫고 충격을 받았습니다.

이처럼 '돈에 대한 첫 경험, 가장 인상 깊었던 기억'을 떠올리며 글로 작성해보세요. 이 책을 함께 읽는 사람과 직접 대화를 나누어도 좋습니다. 아니면 다른 누군가에게 당신의 이야기를 담담하게 털어놓아도 괜찮습니다.

그리고 상대의 이야기를 읽고(듣고), 어떤 감정을 느꼈는지 써보거나 대화를 나누어보세요.

이때 무엇이 맞고 틀린지 판단해서는 안 됩니다. 각자의 경험은 고유하니까요. 그 경험이 사실인지 아닌지 확인할 필요도 없습니다. 이야기를 듣고 난 뒤 자기 식으로 해석하거나 분석하지 마세요. '그래서 네가 그런 식으로 돈을 쓰는 구나'라며 돈에 대한 상대방의 태도, 습관을 따지고 가르치려 한다면 대화는 깨지고 맙니다.

돈과 관련하여 나 자신이 그리고 상대방이 어떤 인상적인 경험을 했는지 듣는 것만으로 충분합니다. 먼저 자기중심에서 벗어나 '역지사지의 정신'으로 처지를 바꾸어 생각하는 훈련을 하세요. 이것이 재무 대화의 시작이자 자기중심적인 사고, 태도, 습관에서 벗어나 서로의 마음을 들여다보는 첫걸음입니다.

소설가 김연수는 《세계의 끝 여자친구》에 이렇게 적습니다.

> 우리는 대부분 다른 사람들을 오해한다. 네 마음을 내가 알아, 라고 말해서는 안 된다. 그보다는 네가 하는 말의 뜻도 모른다, 라고 말해야 한다. 내가 희망을 느끼는 건 인간의 이런 한계를 발견할 때다.

사실 우리는 내가 어떤 사람인지도 모를 때가 많습니다. 그러면서 마치 타인을 훤히 들여다보는 것처럼 착각하죠. 특히 부모와 자녀, 부부와 연인 등 가까운 사이일수록 그런 우를 범하기 쉽습니다. 거기에 '돈'이 개입되면 상황은 더욱 미궁 속으로 빠져들고 맙니다.

부부 갈등 예방 및 관계 개선 프로그램을 창시한 심리학과 교수 하워드 J. 마크맨은 "돈은 보이지 않는 문제를 끄집어내는 자석과 같다"라고 합니다.

돈 갈등이 발생하면 숨은 문제가 줄줄 새어 나오고, 전에는 별것 아닌 일도 엄청난 재난처럼 여겨집니다. 그냥 돈 걱정이 아니라 돈과 관련해서 서운했던 마음, 불안, 분노, 수치심, 죄책감, 소외감, 적대감 등이 마구 들끓어 오릅니다. 감정적 반응은 어떤 행동(역할)으로 나타나고, 이를 반복하면 습관으로 굳어집니다. 자기도 모르게 혹은 돈 갈등과 감정을 핑계로 계속 어떤 역할을 수행하는 것입니다. 이와 같은 메커니즘(mechanism, 원리나 구조, 체제)이 가정경제 활동 가운데 작동한다는 점을 염두에 두어야 '돈 이야기'를 제대로 시작할 수 있습니다.

돈 갈등-감정-돈 역할 순환 구조

위 그림을 통해 알 수 있듯 돈 갈등으로 인해 생긴 감정이 돈 역할로 나타나고, 역할행동은 또 다른 갈등을 일으키고, 감정을 건드리고, 역할을 수행하는 식으로 돌아갑니다. '돈 갈등-감정-돈 역할'이 악순환에 빠지면 지옥이 따로 없습니다. 돈 문제는 젊어도 치사하고, 늘어서도 치사하다고 하죠. 늘 감정이 상할 수 있기 때문에 형편에 따라 역할을 조정하고 문제를 직면하지 않으면 가정 해체에 이를 수도 있습니다.

가정경제를 좀먹는 악순환의 고리를 풀어야 합니다. 결혼생활을 하고 있거나 혼자 살거나 어떤 상황이든 마찬가지입니다. 둘이 살면 둘이 사는 대로, 혼자 살면 혼자 사는 대로 '돈 갈등-감정-돈 역할'의 순환에서 벗어날 수 없는 세상입니다.

잘 살고 싶다면 돈 이야기가 제대로 돌아가는 가정경제를 세워야합니다. '돈 갈등-감정-돈 역할'이 잘 돌아가는 신뢰 구조(선순환)를 만들어야 합니다. 그것이 생활양식(가정경제 문화)으로 스며들면 세대와 세대를 이어 그 가정은 어떤 난관도 잘 극복하고, 삶은 더욱 풍성해질 것입니다.

돈 갈등을 푸는
관계의 재구성

이제 돈 갈등을 적절하게 풀면서 사는, '관계통장'에 가입하는 시간을 가지려 합니다. 우리가 관계를 위해 의지를 갖고 노력하지 않고 그 과정에서 보람을 느끼지 못하면 평생 돈 갈등을 풀 수 없습니다. 그사이에 돈은 어딘가로 줄줄 새고 말 것입니다.

돈 이야기를 제대로 하지 못해 막장 드라마를 능가하는 상황에까지 이르렀다는 사연은 우리 주변에 수도 없이 많습니다. 《돈 걱정 없는 신혼부부》를 출간한 이후, '돈 걱정'을 안고 사는 부부를 많이 만났습니다. 대부분 돈 걱정보다는 '숨어 있는 돈 갈등' 때문에 고통스러워했습니다. 실상 돈 걱정은 돈 갈등을 감추려는 암막에 불과했습니다. 돈 갈등에 빠진 부부는 시한폭탄을 안고 사는 것처럼 위태로워 보였습니다. 부부가 살다보면 갈등을 피하기 어려운데, 막연한 걱정에 매달려 정작 풀어야 할 갈등을 방치한 결과입니다.

한 중년 남성은 형편이 어려워 아등바등 살았습니다. 주위 사람에게 짠돌이라는 소리를 들어도 어떻게든 살아보려고 밤낮없이 일하며 허리띠를 졸라맸습니다. 그의 아내도 남편이 주는 하루 생활비 2만 원으로 어떻게든 버텼습니다. 그런 시간을 보낸 결과 남편은 돈을 풍족하게 벌었지만, '남편이 생활비를 올려 주리라' 내심 기대한 아내는 좌절감에 빠졌습니다. 남편은 "사람 일 모르는 거야"라며 예전과 똑같은 수준으로 생활비를 내놓았죠.

'계속 이런 식으로 살아야 하나?'

마음이 상한 아내는 일을 구하려 했지만, 남편은 "여자는 집에서 살림이나 해!"라며 질색했습니다.

그렇게 시간이 지날수록 섭섭함은 원망으로 번졌고, 아내는 자신의 처지가 수치스럽기까지 했습니다. 남편이 쳐놓은 '돈의 굴레'에 얽매여 옴짝달싹 못하는 자신이 '노예'처럼 느껴졌습니다. 그러다 몰래 보험약관대출에 손을 대기 시작했습니다. 야금야금 돈을 빌려 쓰다 결국 남편에게 들통이 났습니다. 화가 난 남편이 "달라고 했으면 줬을 텐데, 왜 말도 없이 돈을 빌려 썼어?"라고 다그쳤고, 아내는 "내가 생활비 올려달라고 얘기했잖아"라며 억울해했습니다. 돈은 넘쳐나도 정작 부부 관계는 파탄 위기에 놓이고 말았습니다. 도대체 누구의 잘못일까요? 무엇이 문제인가요?

서로 다른 남녀가 가정을 이루고 산다는 일이 무엇입니까? 핑크빛으로 물든 달콤한 시절이 지나면 메마른 날들이 찾아옵니다. 온갖 일로 부대끼고 시답잖은 일로 곤두서고 예기치 못한 충돌이 끊이지 않습니다. 그럼에도 불구하고 '화합을 이루어가는 눈물겨운 날들'이 지나면 언젠가 '역시 부부가 제일이야'라고 고백하는 날도 옵니다.

사랑을 갈구하면서도 사랑을 믿지 못하는 오늘날, 다큐멘터리 영화 〈님아, 그 강을 건너지 마오〉의 주인공인 강계열 할머니와 조병만 할아버지의 애틋한 사랑 이야기는 뭉클하게 와닿습니다. 76년 동안 함께 살아온 백발의 연인이 어떻게 그토록 해맑을 수 있는지, 마지막 이별을 준비하는 모습까지 아름다웠죠. 영화를 보고 감동을 받아 눈이 퉁퉁 붓도록 울었다는 분도 많았습니다. 하지만 눈물이 채 마르기도 전에 "동화 같은 이야기야. 나는 그런 사랑 죽었다 깨어나도 못할 거야"라며 가슴을 쓸어내린 분도 많았습니다.

'진정한 사랑'이란 아무에게나 오지 않는 운명일까요? 우리는 사랑을 몰라도 너무 모르고 삽니다. 그저 사랑은 어디서 왔다가 홀연히 사라지는 '그 무엇(?)' 정도라고 생각해버립니다.

최성애 박사의 《행복수업》을 참고해 불행한 부부의 특징을 살펴보면 다음과 같습니다.

· 문제를 미루고 외면한다.
· 하고 싶은 말을 그대로 다 쏟아낸다.
· 남들 앞에서 배우자를 모욕하거나 비웃는다.

· 갈 데까지 가보자는 식으로 무례하게 행동한다.

심리학 박사인 존 가트맨은 '이혼한 부부는 공통적으로 부정적인 싸움 방식이 악순환되었다'라는 연구 결과를 발표했습니다. 그중 94% 의 이혼 부부가 결혼생활 동안 비난, 방어, 경멸, 담 쌓기를 지속해왔 다고 합니다. 결국 잘못된 싸움 습관이 부부 관계를 망가뜨리고, 가정 을 불행하게 만든다는 것입니다.

고미숙 작가는 《사랑과 연애의 달인 호모에로스》를 통해 '받기만 하려는 도둑놈 심보, 거지 근성이 관계를 망친다'라며 '사랑에 애를 태우면서도 제대로 사랑하는 인간이 천고에 드물다'라고 말했습니다. 설상가상으로 '사랑은 움직이는 거야', '사랑이 어떻게 변하니?' 등 사 랑을 둘러싼 망상과 불멸의 판타지는 치명적이라고 했습니다. 사랑의 과정을 감당할 수 없어서, 아니 책임지지 않으려는 사랑의 무능력이 '달콤한 환상' 속으로 도피하기 때문입니다. 부정적으로 관계 맺는 습 관을 끝내야 합니다. 나쁜 습관을 그대로 두면 암처럼 자라 가정을 파 탄에 이르게 할 것입니다.

부부가 함께 '관계를 망가뜨리는 습관 찾기'를 작성해보세요. 관계에 악영향을 끼치는 나쁜 습관의 정체를 밝혀내야 합니다. 관계를 망가뜨 리는 근거 없는 상식, 무책임한 태도에 직면해야 합니다. 감정 싸움에 매몰되지 말고 '관계의 과소비 근절'을 '공동 목표'로 삼아야 합니다. 차근차근 의논하면서 다음 표에 기록하거나 대화를 나눠보세요.

관계를 망가뜨리는 습관 찾기

①

②

③

④

⑤

관계를 망가뜨리는 습관을 점검하고 작성했다면, 어떻게 해야 관계의 과소비를 끊어낼 수 있을지 항목마다 5분씩 말할 기회를 주고받거나, 따로 문장을 작성하여 주고받습니다.

어떤 문제도 풀고자 하는 의지와 실천이 없으면 해결할 수 없습니다. 가정경제 생활은 끊임없는 협상과 타협, 배려가 필요한 영역입니다. 다시 시작한다는 마음가짐과 작은 실마리부터 풀려는 태도가 필요합니다. '관계를 망가뜨리는 습관 찾기'를 작성할 때는 집이 아니라 분위기가 좋은 곳으로 이동하거나, 도움을 줄 수 있는 다른 부부 멘토와 함께 자리를 마련하는 것도 요령입니다.

세상에 좋다는 관계 기술이 부부의 속사정에 낱낱이 들어맞을 리 없습니다. 적절한 관계 성숙의 길을 모색하는 것이 책임 있는 사랑을 실천하는 길입니다. 모든 관계는 끊임없이 '사랑이란 무엇인가'를 배우고 익힐 때 성장합니다. 그런 자세를 견지할 때 두려움 없이 미래를 준비할 수 있습니다.

연금술사 파라겔수스는 이렇게 말했습니다.

"아무것도 모르는 자는 아무것도 사랑하지 못한다. 아무 일도 할 수 없는 자는 아무것도 이해하지 못한다. 아무것도 이해하지 못하는 자는 무가치하다. 그러나 이해하는 자는 또한 사랑하고 주목하고 파악한다. 고유한 지식이 많으면 많을수록 사랑은 더욱 더 위대하다."

또한 인도의 철학자 크리슈나무르티는 "모든 관계는 움직임이다. 정지되어 있는 관계는 없다. 모든 관계가 저마다 새로운 배움을 필요로 한다. 설사 결혼한 지 40년이나 되었다고 부부간에 늘 편안하고 늘 한결같고 품위 있는 관계를 이루어놓았다고 해도 그 관계가 이미 하나의 패턴으로 자리 잡는 순간 더 이상 배우지 못한다"라고 했습니다.

에리히 프롬은 《사랑의 기술》에서 사랑을 '인간 실존에 대한 해답', '주는 행위로서의 생명 활동'으로, 마땅히 '배워야 할 능력'이라고 했습니다. 특히 남녀의 관계가 '대인 관계에서 창조의 기초'를 이루는데, 이는 '정자와 난자의 결합이 탄생의 기초'라는 생물학적 사실에서 분명하고, 정신적으로는 '남녀는 사랑을 통해 재탄생한다'라고 보았습니다.

또한 사랑이란 '수동적 감정이 아니라 활동, 참여하는 것, 주는 것'이라고 주장합니다. 여기서 '주는 행위'는 자신의 무엇인가를 '포기하거나 빼앗기거나 희생하는 것'과는 전혀 다릅니다. 주는 자는 '자기 자신 속에 살아 있는 것'을 주며 그 행위 자체로 '절묘한 기쁨과 환희'를 경험합니다.

사람은 누군가에게 '줄 수 있는 사람'이 되었을 때 가장 큰 만족을 느낍니다. 그런 사람은 주었다고 생색내지도 않고, 자신이 고갈되지도 않습니다. 오히려 받는 사람을 풍요롭게 만들어 그도 주는 자로서 기꺼이 활동하는 '사랑의 기술(예술)'을 습득하도록 돕습니다.

이제부터라도 관계통장을 가득 채워 갈등에 부딪힐 때마다 지혜롭게 꺼내 쓰도록 합시다.

관계통장 가입 동의서

부부가 함께 '관계의 과소비'를 청산하시겠습니까?   예 ☐

돈 이야기를 제대로 나누는 기술을 계속 개발하시겠습니까?   예 ☐

돈이 아니라 '사람, 사랑이 중심'인 가정경제를 만드시겠습니까?   예 ☐

돈과 관련한
역할의 재구성

현대드라마치료연구소 대표이자 치유상담 대학원대학교의 김세준 교수는 《역할 중심 상담》 서문에서 인간의 '역할'을 다음과 같이 설명합니다.

인간의 내면은 역할이라는 형태를 띠고 외부로 드러난다. 따라서 우리는 다양한 역할의 총합을 통하여 한 인간의 실체(實體)를 발견할 수 있다. (…중략) 역할이론에 따르면 세상에 완전히 나쁜 사람이거나 완전히 좋은 사람은 없다. 좋은 역할과 나쁜 역할이 각각 존재한다고 말할 수 있을 뿐이다. 그렇다면 인간의 다양한 역할을 면밀히 분류하여 좋은 역할은 발전시키고 해로운 역할은 제거하면 된다.

또, 아직 활성화되지 않은 역할에는 적절한 자극을 가하여 그

것을 활성화시키면 되는 것이다. (…중략) 사회가 복잡해지고 대인관계가 다양해지면서 인간은 한꺼번에 너무 많은 역할들을 감당하며 살아가도록 요구받는다. (…중략) 그런 의미에서 볼 때 역할에 대한 조정과 훈련이 한 인간의 삶의 질을 결정한다고도 말할 수 있으리라.

인간은 어머니 뱃속에서부터 '역할'을 합니다. 나이가 들면 점점 더 다양한 역할을 감당해야 하죠. 딸/아들의 역할, 학생의 역할, 친구의 역할, 직장인의 역할, 남편/아내의 역할, 부모의 역할 등. 그 역할들을 자세히 관찰해보면 '한 인간의 실체'가 보입니다.

그런데 살다보면 역할에 갈등이 생깁니다. 어떤 역할은 잘 해낼 수 있는데, 어떤 역할은 잘 해낼 수 없을 것 같아 피하고 싶습니다. 아직 '활성화되지 않은 역할'이 있고, 거기서 갈등이 발생한다는 것입니다.

돈이 개입되면 갈등은 더 고약한 정체를 드러냅니다. 고상해지기가 아주 힘이 들죠. 그런 사람인 줄 몰랐는데, 돈 갈등이 생기니 사람이 이상해지는 겁니다. 이처럼 돈 갈등이 발생하면, 돈 역할을 조정해야 할 타이밍이라고 생각해야 합니다.

《돈이란 무엇인가》의 저자 이즈미 마사토는 '돈을 취급하는 행동에 인간성이 담겨 있다', '돈은 당신을 비추는 거울과 같다'라며 '돈의 교양'을 역설합니다. 그는 돈의 형태가 조개껍데기에서 지폐나 동전으로 변화했듯이 현대에는 형태를 가진 물질에서 '수치'로 변화했으며, 수치는 '신용의 크기'를 가시화하는데, 이는 '돈의 본질을 아는 중요한 포인트'라고 지적합니다. 즉 '돈과 마주하는 것은 자신의 신용과 마주하는 것'입니다. 아시다시피 신용은 과거의 말, 행동, 결과에 근거합니다. 따라서 우리가 오늘 말한 것, 지금 행동한 것이 미래에서 본 과거가 되고, 그 과거의 축적으로 인생의 만능 패스포트인 '신용'을 쌓아간다는 것입니다.

물론 신용이 만능으로 작동하면서 생긴 그림자를 간과할 수 없겠지만, 가정경제 활동 중심에는 신용을 쌓는 말, 행동, 결과가 있습니다. 이런 논리를 바탕으로 우리는 돈을 가시화하는 신용이 돈을 벌고, 쓰고, 모으고, 불리고, 나누는 등의 '돈 역할'과 맞닿아 있음을 생각해볼 수 있습니다.

이런 맥락에서 질문을 하나 드리겠습니다.

'당신은 돈과 관련하여 어떤 역할을 하고 있습니까?'

구체적으로 자신이 돈과 관련하여 어떤 역할을 하는지 관찰하여 다음 표에 작성해보세요.

나의 돈 역할 관찰하기

[예시]
1. 잘하는 역할_ 남에게 돈 빌려주기, 밥값 먼저 계산하기, 커피 얻어 마시기, 부모님 용돈 드리기, 선물하기, 외식하기, 쇼핑하기, 기부하기 등
2. 못하는 역할_ 돈 빌리기, 적금 깨기, 돈 빌려주기, 빚 갚기, 거저 얻어 먹기 등
3. 중간_ 돈 모으기, 돈 불리기, 제때 돈 갚기 등

1. 잘하는 역할

2. 못하는 역할

3. 중간이다

위 역할을 간단한 이야기로 풀어서 다음 표에 적거나, 책을 함께 읽고 있는 사람과 대화를 나누세요.

돈 역할을 이야기로 표현하기

1. 잘하는 역할

2. 못하는 역할

3. 중간이다

혹시 내가 알아채지 못한 역할은 없을까요? 크게 의식하지 않았지만, 가정경제와 관련하여 내가 하고 있는 '눈에 띄지 않는(보이지 않는) 역할'을 샅샅이 뒤져보세요.

돈 역할 샅샅이 뒤져보기

부부나 연인, 부모와 자녀가 이 책으로 함께 가정경제 훈련을 한다면, 책을 서로 돌려보고 상대가 빠뜨린 보이지 않는 돈 역할을 구체적으로 적어주세요. 잘하는 역할은 '고마워'에, 못하는 역할은 '도울게'에 적거나 대화를 나눠보세요.

1. 고마워

2. 도울게

이를 통해 아직 '활성화되지 않은 돈 역할'에 대해 서로 비난하기보다 도울 수 있는 부분은 없는지 찾아볼 수 있습니다. 상대의 부족한 역할을 '성장 가능한 영역'으로 해석하는 안목! 얼마나 근사한 일입니까?

돈 갈등을 역할로 풀지 않으면 관계가 어려워지고, '신용'을 쌓아갈 수 없습니다. 가정이 화목하지 않으면(내 자신과 화목하지 않으면) 돈이 샐 수밖에 없습니다. 돈은 욕구와 감정에 아주 민감하게 반응하기 때문이죠. 갈등에 빠지면 괴로움에 몸부림치다 엉뚱한 곳에 돈을 낭비하기 쉽다는 말입니다. 그런 행동을 반복하면 나쁜 습관이 되고, 습관이 중독에 이를 수도 있습니다. 쇼핑중독, 알코올중독, 약물중독, 성형중독, 도박중독, 섹스중독 등 각종 다양한 중독에 시달릴 수 있죠. 게다가 자본주의 사회에서 어떤 중독이든 돈 없이 할 수 있는 일이 없습니다. 과도한 빚까지 짊어지고 자살에 이르는 사람도 얼마나 많습니까?

'중독'은 개인만의 문제가 아닌 가족과 사회의 문제입니다. 우리 사회의 각종 문제가 남의 문제만은 아닐 것입니다. 어떤 중독에 빠진 개인을 치료할 때 '가족 치료'를 반드시 병행하는 이유도 그 때문입니다. 어떤 '돈 갈등-감정-돈 역할'의 악순환 구조가 습관으로 굳어지고, 사람이 아니라 돈이 그 가정을 쥐고 흔드는 일이 없도록 만들어야 합니다. 이는 돈이 있고 없고의 문제가 아닙니다.

제발 돈 갈등 문제가 생길 때마다 감정을 앞세워 행동하지 마십시오. '역지사지 정신'으로 서로를 이해하고 격려할 수 있는 능력은 가정경제를 키우는 엄청난 일등 자산이라는 사실을 결코 잊어서는 안 됩니다.

02

돈 역할,
이야기로
재구성하라

다시 시작하는
경제 이야기

누군가를 안다는 것은 그의 '이야기'를 안다는 뜻입니다. 그의 이야기를 안다는 것은 그가 어떻게 살아왔는지, 무엇 때문에 살아가는지, 앞으로 어떻게 살아갈지 이해하는 일입니다. 가정경제 이야기를 안다는 것도 그와 같습니다.

전(前) 이야기C.I.P개발센터 김번영 교수는 "가족 이야기는 북극성과 같다"라고 했습니다. 그에 따르면, 사람은 누구나 부모에게서 독립하여 망망대해와 같은 세상으로 나가야 합니다. 항해를 하다보면 지금껏 경험해보지 않은 풍랑을 만나기도 하고, 앞을 분간하지 못할 정도의 어둠 속에 갇히기도 합니다. 그때마다 '좌표'가 되어줄 '북극성'이 필요한데, 한 번뿐인 인생을 항해할 때 '가족 이야기'는 '좌표', '북극성'과 같은 역할을 해줍니다. 그런데 우리가 부정적인 이야기를 좌표로 삼아 항해를 계속한다면 어떻게 될까요? 어느 순간 좌초하고 말 것입니다.

그러나 부정적인 이야기로 뒤흔들리면서도 '여기까지 살아온 나', 즉 '그럼에도 불구하고 지금 존재하는 나', '상처와 아픔으로 얼룩졌어도 여기까지 살아온 나'가 존재합니다. 그런 내가 잘못된 좌표를 수정하고 넘어설 수 있다는 사실에 주목해야 합니다. 기적이란 바로 그렇게 살아가는 우리이고, 거기에 희망이 있습니다. 오늘의 내가 과거의 가족사를 말하는 것이지, 지나간 과거가 현재의 나를 규정할 수는 없습니다. 그것이 우리에게 다시 시작할 수 있는 가능성을 열어줍니다. 진정한 '북극성'의 발견이죠.

따라서 앞으로 어떻게 '다시 시작하는 이야기'를 만들어내느냐가 중요합니다. 이는 매우 의도적이고 창조적이고 자발적으로 이루어져야 할 행동입니다. 인간은 본래 자기가 원하는 대로 사건을 해석하고 편집하는 능력이 뛰어납니다. 이를 통해 인간은 아무리 어려운 현실이라도 이겨내고 살아갈 힘을 키워왔습니다. 즉 자기 경험을 각색하면서 마음을 지키고, 생활양식으로 삼습니다. 그리고 마침내 재구성한 이야기가 '있는 그대로, 사실 그대로'라고 확신하기에 이릅니다.

이야기 치료의 창시자인 데이비드 앱슨은 '가족의 기록문서(사진, 일기, 가계부, 족보 등)'를 매우 중요시했습니다. 특히 차곡차곡 쌓아온 가족 이야기는 '우화'와 같다고 합니다. 우화는 실제 일어난 사건이 아닙니다. 물론 실제 사건을 바탕으로 하거나 이야기 재료로 쓸 수는 있지만, '비유와 은유'를 통해 만들어낸 이야기입니다.

이야기는 '의미로 가득한 세상'입니다. 우리는 그 이야기를 '나의 이야기'처럼 경험하고 받아들입니다(동일화). 그 이야기가 진짜인지, 가짜인지 관심을 가질 필요는 없습니다. 실제 삶에 어떤 의미로, 어떤 가치로 힘을 발휘하느냐가 핵심이니까요. 다만 이야기를 어떻게 편집 하느냐에 따라 그 이야기는 삶에 엄청난 힘으로 작동할 수도 있고, 삶을 무너뜨리는 무서운 암초가 될 수도 있습니다.

이런 통찰로부터 우리는 가정경제 이야기를 재구성할 수 있습니다. 당신이 바라는 가정경제 이야기는 무엇입니까? 당신이 만들고 싶은 이야기가 있습니까? 그 이야기를 충분히 표현하고 공유하시겠습니까?

돈 역할, 이야기로 재구성하라

난관을 뚫고나가는
이야기의 힘

누구나 인생이 행복한 이야기로만 가득하기를 소원합니다. 그런데 삶이라는 것이 그렇지가 않죠. 괴로운 일들이 그림자처럼 따라다니며 시도 때도 없이 치고 들어와 곤경에 빠뜨리곤 합니다.

르네상스 이후, 화려한 기교에만 빠져 구태의연함에서 벗어나지 못하던 미술계에 혁신의 바람을 일으킨 화가가 있습니다. 16세기 후반부터 17세기 초반까지 활동한 이탈리아 출신 카라바조가 그 주인공입니다. 김상근 교수는 《카라바조 이중성의 살인미학》에서 카라바조를 '서양 미술사의 흐름을 재편한 인물'로 평가했습니다. 카라바조는 '테네브리즘(Tenebrism)'이라는 명암대비법의 창시자로, 현실을 비틀어 자신의 마음을 그리고, 시대의 어둠을 비출 수 있는 등불과 같은 예술을 추구했습니다. 어둠을 더욱 어둡게 표현함으로써 빛이 극명하게 살아나는 그림을 그렸던 것이죠.

카라바조의 작품에서 느낄 수 있듯, 우리네 삶이 '테네브리즘'은 아닐까 싶습니다. 하루가 낮과 밤으로 이루어졌듯이 우리 인생에도 '낮과 밤', '빛과 어두움'이 공존합니다. 아무리 겪고 싶지 않은 고통도 지울 수 없는 것이 인생 아닙니까? 어두움을 뚫고 나오는 한 줄기 빛이 있기에 우리의 삶은 더욱 소중합니다.

풍성한 이야기는 한쪽으로 치우치는 법이 없습니다. 기쁨과 슬픔, 절망과 희망, 패배와 승리, 실패와 성공 등 그 모든 이야기를 끌어안습니다. 물론 슬픈 건 슬프고 아픈 건 아프지 아무렇지 않을 리 없습니다.

1997년에 우리나라가 IMF 금융위기 사태를 맞았을 때, 무슨 일이 벌어졌습니까? 국가 재정 파탄으로 온 나라가 아수라장이 되었죠. 모두 얼마나 고통스러웠습니까? 굴지의 기업들이 어처구니없이 무너지고, 수많은 가정이 깨지고, 직장을 잃은 가장이 홈리스로 전락하기까지 했습니다. 그런 와중에 정부 주도하에 '금 모으기 운동'이 펼쳐졌습니다. 제2의 국채보상운동이라며, 우리 국민은 너도나도 집에 있는 금붙이를 내놓았습니다. 아이들 돌 반지까지 내놓은 집도 있었습니다. 그렇게 해서 모인 돈이 21억 3천여 달러였습니다. 어마어마한 외채를 갚기에는 턱없이 부족했지만, 그것이 나라를 살리려는 국민의 뜻이었습니다.

나중에 '실패한 정책이다', '대국민 사기극에 불과했다'라는 뉴스로 떠들썩했지만, 그럼에도 불구하고 난관을 뚫고나가고자 힘을 모았던 국민의 정신, 의지는 빛을 잃지 않았습니다. 금융위기는 어려운 때일수록 똘똘 뭉쳐 위기를 극복하려는 우리 민족의 저력을 재확인한 '이야기', '역사'로도 기억될 것입니다. 다시는 겪고 싶지 않은 이야기이지만 우리는 그 아픔을 결코 잊지 않을 것입니다.

가정경제 생활에도 얼마나 많은 이야기가 있습니까? 한 50대 여성이 어느 날 갑자기 친정 엄마 통장에 1백만 원을 입금해 드렸습니다. 무슨 특별한 이유가 있었던 것이 아니라 '그냥'이었습니다. 나이 들어서까지 돈 때문에 허덕이며 손발이 퉁퉁 붓도록 식당일을 하시는 엄마에게 아무 이유 없이 용돈을 드리고 싶었습니다.

통장을 확인한 엄마가 떨리는 목소리로 "너도 힘든데 무슨 돈을 그렇게 많이 보냈어?"라고 말했습니다.

"그냥. 이런 날 자주 있는 것도 아니니까 쓰고 싶은 데 쓰세요."

"그래, 고맙다. 잘 쓸게."

그렇게 짧은 대화가 오갔습니다.

그리고 한두 달 후, 엄마가 울컥 눈물을 흘리며 그날 이야기를 다시 꺼내셨습니다.

"이제까지 살면서 나에게 '그냥' 쓰라고 1백만 원이나 준 사람은 없었어. 네 아빠도 그만한 돈을 흔쾌히 쥐어준 적이 없었다. 정말 평생 처음이야."

　돈보다 사람이 중심인 이야기가 주는 힘이 여기에 있습니다. 돈이 무엇이라고 사람을 살리기도 하고 죽이기도 할까요? 돈에 담긴 정신, 마음이 사람을 살리기도 하고 죽이기도 하는 것 아닙니까?
　이즈미 마사토의《돈이란 무엇인가》의 한 구절을 천천히 읽어보시기 바랍니다.

　　돈이 있는 것과 행복하지 않은 것과의 인과관계를 만들어내는 것은 분명 그 사람 자신이다. 돈은 죄가 없다. 돈이 있어서 행복한 사람은 예외 없이 돈으로 살 수 없는 풍성함을 얻기 위해 도구로서 돈을 활용한다. 행복도를 결정하는 것은 돈의 많고 적음이 아니다. 자신의 마음가짐과 돈을 대하는 자세다.

이야기는 '반전의 기회'를
놓치지 않는다

이야기는 '반전'이 있어야 재밌습니다. TV 드라마나 영화의 백미는 '반전'이 언제, 어떻게 전개되느냐에 달렸죠. 반전 없는 이야기는 식상해서 영향력을 발휘하기 어렵습니다.

금요일 아침에 출근한 남편이 토요일 새벽에 비틀거리며 귀가합니다. 눈동자는 풀려 있고 술 냄새가 진동합니다. 혹시 남편에게 무슨 일이 생겼나 노심초사하며 속을 끓이던 아내는 현관문이 열리는 소리에 벌떡 일어납니다.

'이 인간이 또!'

아내는 막상 술 취해 들어온 남편을 보니 화가 치밀어 오릅니다. 평소 같으면 욕을 바가지로 퍼붓고 죽네 사네 했겠지만, 호흡을 가다듬으며 마음을 고쳐먹습니다. 이번에야말로 지긋지긋한 상황을 뒤집어보기로 했기 때문입니다. 쉽지 않지만, 눈 딱 감고 오늘을 '새로운 이 야기'를 만드는 반전의 기회로 삼으리라 작정합니다.

"어서 들어와요."

이 한마디를 뱉기가 왜 그리 힘들었는지. 아내는 우선 남편을 침실로 들여보내고 속을 풀어줄 해장국을 끓입니다. 그리고 점심때가 되어서야 부스스 잠이 깬 남편에게 밥상을 차려줍니다.

"속 괜찮아요? 그러다 당신 몸 상하는 건 아닌지 너무 걱정돼요."

남편은 평소와 다른 반응에 무슨 일인가 싶어 아내를 힐긋 쳐다봅니다. 아내는 남편 앞에 5만 원짜리 한 장을 슬쩍 내밉니다.

"가서 사우나라도 하고 와요."

그러자 남편이 무뚝뚝한 목소리로 입을 엽니다.

"무슨 일 있어? 갑자기 안 하던 짓을 해?"

아내는 남편의 반응에 발끈하지 않으려 마른침을 꿀꺽 삼킵니다.

"불경기에 돈 버느라 고생하는 당신이 오늘따라 안쓰러워서 그래요."

무언가 예전과 달라졌다고 느낀 남편은 "어색하게 그런 말을 해. 이 돈으로 저녁에 외식이나 합시다"라고 제안합니다.

반전의 기회를 포착한다는 것은 대단한 일이 아닙니다. 집에 어려운 일이 생겼을 때, 돈 갈등이 발생했을 때, 빨리 빚을 갚아야 할 때 등 어떤 상황을 뒤집어 새로운 이야기로 도약하게 만들 수 있습니다.

한두 번 해보다가 '나랑 안 맞아!' 하고 포기하지 말고 영화 한 편 만든다 생각하고 진득하니 연출가, 감독 역할을 해봅시다. 그 역할을 누가 주도하느냐는 당신의 선택에 달려 있습니다.

소통이란 인격적으로 상대방을 이해하는 일입니다. 몇 가지 대화의 기술로 통하지 않는 영역이죠. 서로 살아온 배경이 다른 사람끼리 마음을 맞추고 사는 일은 결코 쉽지 않습니다. 하지만 인격적으로 서로를 이해하고 신뢰한다면 소통은 이루어질 수 있습니다. 그동안 불신만 쌓아왔다면 부정적인 이미지가 소통을 방해할 수 있습니다. 아무리 좋은 말을 해도 의심부터 하겠죠.

이처럼 불신이 강하면 새로운 이야기를 만들기 어려울 수 있습니다. 그럼에도 불구하고 '지금부터라도 반전의 기회를 놓치지 말자'라는 각오를 다져야 합니다. 하루에도 얼마나 많은 일이 벌어집니까? 작든 크든 그 모든 일이 '반전의 기회'입니다.

내가 너의
미래를 사줄게

이쯤에서 우리 부부의 이야기를 꺼내려고 합니다. 지속 가능한 가정경제를 위해 이제까지 달려올 수 있었던 힘의 원천이 바로 우리의 이야기에 있습니다. 여러 가지 문제로 지치고 갈등에 부딪힐 때마다 다시 본질로 돌아가 방향을 조정하는 '북극성' 같은 이야기입니다.

우리 부부는 초등학교 5학년 때 동성동본 겹사돈으로 알게 된 사이입니다. 고등학교 때까지 각별한 친구로 지내다가 서른 즈음에 다시 만나 결혼을 했습니다. 당시 저는 몸과 마음이 지칠 대로 지쳐 있었고, 가진 것이라곤 4천만 원 빚뿐이었습니다. 그녀 앞에 서기가 부끄러웠지만 상황을 숨기지 않고 고백하며 청혼을 했습니다. 그녀는 당차게 "내가 너의 미래를 사줄게"라며 승낙하더니 타고 다니던 차도 팔고 예·적금을 탈탈 털어 빚을 싹 갚아주었습니다.

그러고는 아주 소박하게 결혼식을 치르고 경기도 성남 어느 달동네의 다가구주택 9평짜리 전셋집에서 신혼생활을 시작했습니다. 생활은 불편했지만 마음은 한없이 넉넉하고 안락했습니다. 주위에 자기 아파트와 값비싼 승용차까지 번듯하게 갖추고 결혼생활을 시작한 지인들이 있었지만, 처지를 비교하며 부러워하거나 열등감에 빠지지 않고 검소하게 살았습니다. 그리고 4년 만에 꿈에 그리던, 빨래를 널 수 있는 베란다가 있는 21평짜리 아파트로 이사를 갔습니다.

나의 형편을 솔직하게 털어놓은 그날, 아무것도 가진 것 없는 나에게서 도망치지 않고 나의 미래를 사주었던 아내와 '돈보다 사람, 사랑'을 선택한 우리의 이야기가 있기에 힘겨운 상황에 닥쳐도 쉽게 절망하고 포기하지 않습니다. 열등감으로 똘똘 뭉친 부족한 두 사람이 만나 새로운 이야기 터를 만들며 함께 '사람'이 되어 가고 있습니다.

누구에게나 '북극성' 같은 이야기가 필요합니다. 가만히 돌아보면 그런 이야기가 분명히 있을 것입니다. 그것을 끄집어내 부부가, 부모와 자녀가 함께 대화를 나누어보세요. 자꾸 이야기하고 또 이야기해도 심장이 쿵쿵 살아나는 이야기를 만들어보세요.

KBS 주말연속극 〈황금빛 내 인생〉에 결혼하지 않고 연애만 하기로 약속한 연인이 나옵니다. 결혼이 삶의 질을 높여주지 못할 것이라는 계산에서 나온 합리적인 결정이었습니다. 하지만 서로 곁에 없는 것이 더 불행하다는 것을 깨닫고, 결혼하기로 하죠.

여자는 돈을 모아 독립할 수 있을 때까지 시댁에 들어가 살기로 결심합니다. 시부모는 전세방 하나 마련해주지 못하는 게 미안해 결혼식이라도 제대로 치르라고 하지만, 그녀는 결혼식도 간소하게 치르겠다고 합니다. 남자가 웨딩드레스도 빌리지 않겠다는 여자에게 그것만이라도 남부럽지 않게 해주고 싶다고 합니다. 하지만 여자는 이렇게 이야기합니다.

"남들처럼 하지 말고, 우리 식 대로 살자. 남이 누군지도 모르잖아. 그냥 간소하게 결혼식 하고 분가 자금에 보태자. 우린 사랑에 진 사람들이잖아."

"돈에 휘둘리지 말고 끝까지 사랑이 이기게 해주자"라는 그녀의 진심 어린 이야기가 참으로 감동적이었습니다. "드라마니까 그러지. 현실 감각이 너무 떨어지네"라고 말하는 사람도 분명 있을 것입니다. 하지만 정말 그럴까요? 정말 현실 감각이 떨어지는 이야기인가요? 분수에 맞지 않게 남들이 하는 대로 구색을 갖춰 사는 것이 '현실적'인가요?

인생은 우리가 선택한 이야기들로 구성됩니다. 어떤 선택을 하느냐에 따라 삶은 절망적일 수도, 희망적일 수도 있습니다. 사건 자체와 사건에 대해 말하는 것(이야기를 선택하는 것)은 다르기 때문에 이야기는 얼마든지 바뀔 수 있습니다.

당신의 이야기도 변화할 수 있다고 믿어야 합니다. 그러지 않으면 희망은 없습니다. 가능성은 열리지 않습니다. 똑같은 사건이라도 어디에서, 어떻게 바라보느냐에 따라 이야기는 분명 달라질 수 있습니다.

우리가 아무렇지 않게 선택하는 이야기들을 들여다보세요. 그 안에 세상적인 힘의 논리와 성공주의, 물질만능주의가 가득하지 않습니까? 우리가 어떤 이야기를 선택하느냐에 따라 그 이야기가 나의 행동과 사고를 지시한다는 사실을 명심해야 합니다.

새로운 이야기의
조건

　　　　　　　　마음을 낮추어야 이야기에 꽃이 핍니다. 사
실 가족이라도 하나의 관점을 가지기는 불가능합니다. 다만 삶의 방
향이나 가치관을 공유하며 살아가는 것이죠. "이것이 표준적인 삶이
야" 하고 말할 수 있는 사람은 어디에도 없습니다. 아직 오지 않은 미
래를 예측할 수 있는 사람도 없습니다. 이것이 바로 우리가 자신의 관
점과 논리만으로 가정을 끌고 갈 수 없는 이유입니다.

　부모와 자녀, 남편과 아내의 영역은 밀접하지만 완전히 독립적이라
는 사실을 인식해야 합니다. 서로 다른 인생이 있다는 것을 인정해야
합니다. 가정에 갈등이 많다는 것은 그만큼 가정을 지배하는 이야기
가 많다는 뜻입니다. 그 이야기들이 표출되면서 갈등이 야기되고 문
제가 발생합니다.

　이때 어떤 하나의 이야기만 붙들고 있으면 문제는 해결되지 않습니

다. 더욱이 각자 "내게는 아무 문제가 없어"라고 고집하면 해결의 실마리를 놓치고 맙니다. 마음을 낮추어 '나의 경험, 주장들이 항상 옳을 수 없어'라는 생각을 가져야 가정경제를 재구성하는 즐거운 창작 과정에 한 발짝 다가갈 수 있습니다.

나의 관점으로 남편/아내, 부모/자녀의 이야기를 지배해서는 안 됩니다. 자신의 시각이 제한되어 있다는 점을 언제나, 어떤 상황에서든 의도적으로 인식해야 합니다. 그래야 모두에게 삶의 지평이 열리고 이야기가 순환하는 역사가 펼쳐집니다. 마음과 마음을 잇는 이야기는 생명력이 있어 삶을 풍요롭게 만듭니다. 그런 인생에 돈이 돌아야 행복한 것입니다.

아들이 아버지의 이야기로, 딸이 어머니의 이야기로, 남편이 아내의 이야기로, 아내가 남편의 이야기로 살기를 강요한다면, 결과적으로 서로 죽는 이야기를 쓰는 것입니다. 자신의 욕망을 다른 사람에게 강요하지 말아야 합니다. 각자 다양하게 자신의 역할을 재구성하면서 서로를 이해하고 격려하는 태도를 가져야 합니다.

그러려면 단순히 자기감정, 관점만 주장할 것이 아니라 경청하고 질문하고 대화로 이어지는 민주적인 과정이 있어야겠죠. 모든 가족 구성원이 서로 다르다는 것을 인정하고, 각기 '낮은 마음으로' 이야기를 시작해야 순항할 수 있습니다.

돈이 아닌
사람이 주인공이다

　　　　　　　나 자신이나 다른 누군가에게 '이 길밖에 없
다'라고 억압하지 않는다면, '다른 길도 있다'라는 가능성을 열어준다
면 무기력하게 삶을 포기하는 사람은 없을 것입니다. 성공 신화를 쫓
는 사회의 강력한 담론에 갇힌 부모가 자녀에게 그 이야기를 흘려보
내고 자녀의 인생을 획일화하는 비극을 반복하고 있습니다. 이런 일
은 부부 사이에도 흔하게 일어납니다.

　'짓밟히지 않으려면 먼저 밟아라', '개천에서 용 안 난다' 등의 단편
적인 이야기들이 거대한 담론이 되어 가정과 개인을 붙잡으니 불행이
아닐 수 없습니다. 따라서 자신이 어떤 담론에 물들었는지 점검하고
반성해야 합니다.

　우선 내가 당연히 누리던 것에 대해 의문을 품고 질문을 던져보세
요. 그러면 내가 어떤 이야기에 지배되어 사는지 확인할 수 있습니다.

나를 지배하고 있는 이야기를 알아채야 이야기를 변화시킬 수 있습니다. 현재 자신의 역할과 지위에 대해 질문해보세요.

'왜 집안일은 여자만 해야 하지?'
'왜 남자는 주방에 들어가면 안 되지?'
'내가 돈을 벌어온다고, 가족들이 당연히 내 뜻을 따라야 하나?'

모든 일에 부정적인 시각을 가지라는 뜻이 아닙니다. 나에게 고정된 가치, 신념, 상식이 '정답'이라는 결론을 깨고, '세상에 당연한 일은 없다'라는 열린 사고를 갖기 위함입니다.

당연시하던 일들에 의문을 가지면서 '반드시 당연한 것은 아니다'라는 답에 이르면 마음이 무겁고 거북해지기 마련입니다. 이제까지 누리던 것을 내려놓아야 할지도 모르기 때문이죠. 하지만 변화는 여기에서부터 시작합니다. 우리가 살아가고 있는 사회는 남자, 여자, 가정, 공동체를 지배하는 이야기들로 가득합니다. 우리 인생에 도사리고 있는 이야기에 질문을 던져보는 것, 그것은 가정경제 이야기를 창작하기 위한 매우 중요한 과정입니다.

이야기가 고정관념이나 편견에 물들었다는 점을 알아챘다면, 이를 해체하는 단계가 필요합니다. 해체란 무조건 부수고 보는 것이 아닙니다. 새로운 방법으로 삶을 건축하기 위해 기존에 붙들고 있던 온갖 이야기들을 내려놓는 태도를 말합니다. 참으로 엄청난 용기가 필요할지도 모르지만, 이제 신선한 각도에서 인생을 모색할 필요가 있지 않을까요?

늘 다르게 보는 방식을 배워야 합니다. 그런 노력이 삶의 구석구석에서 이루어져야 하죠. 인식과 관점이 새로워지면 다른 사람에 대한 태도가 달라집니다. 어떤 이야기에 휘둘리며 살고 있는지 점검하려면 공부하고, 고민하고, 정리하는 시간을 확보해야 합니다. 그렇지 않으면 여기저기 흩어진 이야기들, 주워들은 풍월로 세상을 바라보고 편협하게 사는 데 익숙해질 수밖에 없습니다.

여기까지가 가정경제 이야기를 재구성하는 기초 과정입니다. 이는 '사람이 되는 여정'과 맞닿아 있습니다. 돈이 주인공이 아니라 '사람이 주인공인 가정경제 이야기'를 세우는 것이 우리의 목표입니다.

03

순자산을
키우는
재무 설계의
재구성

빚도 순자산에
포함될까?

          '사람'이 주인공인 가정경제의 신뢰 구조를 기반으로 꼼꼼하게 '재무 설계'를 하는 것이 필요합니다. 재무 설계란 소득의 범위를 고려하여 소비와 저축을 합리적으로 설계하고, 은퇴 후의 노후생활까지 고려하여 전반적인 인생의 재무 관리 계획을 짜는 것을 말합니다.

  기업에서는 '자산＝부채＋자본'으로 분류하여 부채 역시 자산에 포함시킵니다. 주식과 채권을 발행해서 자금을 조달하는 회사는 경영난으로 법정 관리를 받다가 구제책이 없으면 파산하고 맙니다. 주식과 채권은 거의 휴지 조각이 되면서 상법상 청산되고 말죠. 하지만 가정은 생명 공동체이기 때문에 그럴 수 없습니다. 그래서 가정경제는 자산에서 부채를 제외한 '순자산'을 살펴보는 것이 중요합니다. 부채도

자산이라는 인식을 절대 가져서는 안 됩니다.

재무 상담을 해보면 본인 가정의 순자산이 얼마인지 아는 사람이 거의 없습니다. 또한 제법 괜찮은 소득과 투자 이익을 보면 그만큼 씀 씀이가 커지고 또 다른 부채로 무리한 투자를 반복합니다. 그래서 외형상 자산은 커지지만, 부채도 함께 늘어 정작 순자산은 거의 증가하지 않는 경우가 많습니다.

우리 가정의 순자산을 반드시 파악해보아야 합니다. 어렵지 않습니다. 넓은 백지에 큰 모양으로 'T' 자를 쓰고, 왼쪽 위에 '자산', 오른쪽 위에 '부채'라고 적습니다. 그리고 자산에 부동산 항목을 적고, 주택 등 부동산 시세를 적습니다. 전세 혹은 월세로 살고 있다면 임차보증금이라는 항목을 만듭니다. 가지고 있는 예·적금 등 총액을 예금 자산, 주식이나 펀드가 있다면 투자 자산, 자동차를 가지고 있다면 사용 자산이라는 항목을 만들고 현 시세를 감안해서 적습니다.

오른쪽 부채 항목에는 부동산담보대출이나 전세자금대출, 신용대출 등의 항목을 적습니다. 신용카드를 많이 사용하고 있다면 할부 원금 등 미결제 잔액을 확인해서 기록합니다. 내 집을 전세로 내주었다면 잊지 말아야 할 것이 '임대 보증금'입니다. 다시 돌려주어야 할 돈이기 때문에 부채 항목에 넣어야 합니다. 이렇게 양쪽에 '자산과 부채'를 어느 정도 기록했다면, 각각 합계를 내 맨 아래 칸에 적습니다. 오른쪽 부채 합계액 밑에 '순자산 총액'이라는 항목을 만들어 '자산에서 부채를 뺀 순자산 금액'을 적습니다.

다음 '순자산 파악하기' 표에 직접 기록해보세요.

순자산 파악하기

자산		부채	
부동산 항목 (임차 보증금)		부동산담보대출	
예·적금 자산		전세자금대출	
투자 자산		신용대출	
사용 자산(현 시세)		기타	
자산 합계		부채 합계	
		순자산 금액 (자산 합계-부채 합계)	

순자산은 6개월에 한 번씩 파악하는 것이 좋습니다. 매월 저축을 하거나 꾸준히 빚을 갚고 있다면 순자산 금액은 늘어나겠죠? 이렇게 주기적으로 순자산이 증가하는 것을 확인하면 가계부를 작성하는 재미도 느낄 수 있고, 가정의 재무 목표도 명확해집니다. 가정경제의 활력이 돌기 시작하죠. 나라 경제, 세계 경제는 늘 불안하다고 합니다. 그럼에도 불구하고 가정경제의 기초 체력, 회복력을 꾸준히 다져야 하지 않을까요?

아울러 우리가 가지고 있는 '자원'을 잘 살펴보아야 합니다. 특히 중·노년 세대에 소득은 줄어들고 재테크로 큰 수익을 내기 어려운 만큼 개인과 가정의 자원을 잘 살피는 것이 중요합니다. 자산은 현상적인 상황을 숫자로 표현하는 것이지만, 자원은 내재적으로 우리 안에 있는 가능성을 발굴하는 것입니다.

자산이 많지 않아도 검소한 생활 습관을 갖고 있다면 그것은 경제자원이고, 평생 배필로 곁에 있어준 남편/아내와 장성한 자녀, 여러 인간관계는 무엇과도 바꿀 수 없는 값진 인적자원입니다. 나이가 들었어도 일할 수 있는 열정과 건강도 자원이고, 어떤 분야의 전문성과 재능을 갖춘 것도 자원입니다. 정년퇴직 후 찾아온 낯선 여유도 어떤 이에겐 훌륭한 시간자원이고, 작지만 저렴한 임대료로 여생을 보낼 수 있는 임대아파트의 안락함과 무료로 이용할 수 있는 지역 복지시설도 어떤 이에겐 좋은 주거환경자원입니다. 행여나 자산이 적다고 주눅 들지 말고 스스로 갖고 있는 다양한 자원을 발견하려는 노력을 해야 합니다.

과거는 고금리, 오늘은 저금리, 이제는 지키리!

평생 수고로운 삶으로 이룬 자산과 자원을 함께 지키고 키워나가는 가정을 응원합니다.

N커브 전략으로
자원의 역량 키우기

　　최근 미국 코넬대에서 미국인 맞벌이 가정을 대상으로 설문조사를 진행하고 '일과 가정 사이에서 생기는 갈등 문제를 남편의 일을 우선하는 방법으로 해결한다'라는 결과를 내놓았습니다. 그렇다면 남성 중심의 가부장적인 문화가 남아 있는 우리나라는 어떨까요? 보육료 지원, 육아휴직제도 등 저출산 극복을 위한 제도들이 생겼지만, 실제 워킹맘이 직장에서 살아남기란 쉽지 않습니다. 맞벌이를 해도 양육의 책임이 결국 아내한테 돌아가는 것이 현실이기 때문에 한국 여성이 사회에서 경력을 쌓으며 지속적으로 일하기란 쉽지 않습니다.

　　'돈 걱정 없는 우리 집 지원센터'가 수도권에 거주하는 40대 남녀 500명을 대상으로 설문조사한 바에 따르면, '현재 하고 있는 일이 자신의 경력과 무관하다'라는 응답이 남성은 25%, 여성은 65%로 큰 차이를 보였습니다. 실제 재무 상담 현장에서 만나는 대부분 여성이 교육비나 주택담보대출 등의 부담으로 맞벌이를 하거나 계획하고 있지만, 자신의 적성이나 재능, 과거의 경험과 무관한 일을 하는 사례가 꽤 많았습니다.

이렇게 여성의 경력이 단절되는 사회적 현상을 'M커브(M-Curve) 현상'이라고 합니다. 통계적으로 여성이 결혼하거나 출산하면 퇴사하는 경우가 많아 취업, 고용률이 M자 모양으로 내려갑니다(\). 그러다 아이가 성장하면 사교육비 부담에 또다시 맞벌이에 나서지만 낮은 보수와 비정규직 등의 악조건으로 좌절하고(↓) 말죠.

이렇게 여성의 경력과 꿈이 단절되는 M커브의 대안은 무엇일까요? 당장의 재테크보다 합리적인 재무 계획으로 비전을 세워나간다면 'N커브'가 가능합니다. 이는 자신의 소질로 꾸준하게 역량을 키워나가는(/) 비전을 말합니다.

긴 인생에서 당장 많이 버는 것보다 꾸준하게 현금 흐름을 창출하는 것이 중요한데, 좋아하고 잘할 수 있는 일로 오래가는 것이 바람직합니다. 비전에 따라 부동산, 맞벌이 등 만족스러운 재무 결정을 했던 상담 사례를 소개하려고 합니다.

김성지 씨는 서울 화곡동에서 어린이 미술학원을 운영했습니다. 원생은 30명으로, 적지 않은 수준이었죠. 하지만 출산을 한 뒤 경제적인 성취보다는 자녀의 건강과 정서를 우선으로 생각해 미술학원을 접었습니다. 공무원인 남편의 소득은 적었지만, 임대아파트에서 살며 지출을 최대한 줄이기로 했습니다. 삶의 목표가 분명했기에 육아가 힘들어도 보람을 느꼈습니다. 그녀에게는 또 하나의 목표가 있습니다. 전공과 학원 운영의 경험을 살려 3년 후에 '아동미술 심리치료' 책을 펴내는 것이죠. 그래서 정부의 아이돌보미제도를 적절히 활용해 미술과 심리학을 접목시킨 색채심리를 공부하러 다닙니다. 일주일에 한 번은 도서관에서 미술 강좌를 해 강사료를 받기도 하고요. 둘째 계획까지 있는 그녀는 5년 후에 한 단계 업그레이드된 미술학원을 다시 여는 비전을 세우며 공부할 수 있는 시간을 확보할 수 있어 현재 생활이 매우 흡족하다고 했습니다.

지선영 씨는 내 집 마련과 영어 홈스쿨의 꿈을 이루기 위해 남양주 지역의 아파트를 저렴하게 구입하여 영어 홈스쿨을 시작했습니다. 원생들도 많아졌고, 딸도 엄마에게 영어를 배울 수 있으니 일석이조가 아닐까요. 그녀는 이렇게 말했습니다.

"무엇보다 남편의 배려가 가장 고마워요. 참 마음이 편안해요. 남편은 제가 원하는 일을 할 수 있게 많은 도움을 주었어요."

10여 년 동안 무역 업체에서 근무했던 그녀는 출산을 한 뒤 2년을 쉬었지만 영어를 잘하는 전문성을 살려 영어 홈스쿨을 열었던 것입니다. 남편은 잠실 쪽으로 출퇴근해야 하지만 광역버스를 이용하면 한 시간이면 충분하다며 아내의 계획을 적극 찬성해주었고, 일찍 퇴근하는 날이면 가사일도 적극적으로 도운다고 합니다.

아내의 비전은 남편에게도 소중합니다. 40대 중반 이후는 일반 직장인 남편도 고민이 많을 때입니다. 자녀교육비도 많이 들어갈 시기죠. 이는 가정경제에서 여성의 보조적인 역할을 강조하는 것이 아닙니다. 남편의 현실적인 고민을 함께 덜면서 자신의 역량을 키워나가는 합리적 분업을 말씀드리는 것입니다.

이제 가정 안에 있는 자원(인적자원, 시간자원, 주거환경자원 등 포함)을 어떻게 키우고 활용하면 좋을지 '가정자원 육성 프로젝트 기획서'를 작성해보세요. '누가, 언제, 어디서, 무엇을, 어떻게, 왜' 6하 원칙에 따라 작성해보는 것도 좋고, '기승전결' 이야기 구조로 작성해보는 것도 좋습니다. 말로 대화를 주고받기보다 어떻게 구체적으로 자원의 역량을 키우는 데 힘을 쏟을 것인지 기록하고 실천하도록 합시다. 꿈이 몽상으로 끝나지 않으려면, 꿈을 하나하나 실체화해야 합니다. 가능성은 있는데, 아직 성장하지 못한 자원을 발굴하고, 키워나가는 전략이 핵심입니다.

가정자원 육성 프로젝트 기획서

인적자원/ 시간자원/ 주거환경자원 >> 가정경제에 실제 미치는 효과 따져보기

황병구의 저서 《관계 중심 시간 경영》에 '서로가 꿈'이라는 단어가 나옵니다. '서로가 꿈이 되어주기 위해 서로 가꾸어 준다'라는 뜻입니다. 이는 가정경제에도 무척 중요합니다. 막연한 비전이 아니라 현실 속에서 재무 목표를 조정하고 구체적인 기준을 세워야 합니다. 만만찮은 전세금, 늘어나는 이자, 생활 물가 등으로 돈 걱정이 많은 현실입니다. 하지만 행복한 가정은 '자원'을 잘 활용합니다. 시간과 돈을 빼앗기지 않는 기회비용을 줄이는 것도 지혜입니다.

사람을 잃지 않는
가치투자

　　　　　　　　2006년 4월, 가치 있는 회사에 장기투자하겠다며 운용을 시작한 펀드가 있었습니다. 크게 수익을 내기보다 안정적인 수익을 목표로 삼았습니다. 펀드 출시일 즈음 경기도 분당 판교 지역에서는 10년간 전매가 금지된 아파트가 분양되었습니다. 당첨만 된다면 '로또'라는 인식이 퍼지면서 청약 열풍이 대단했죠. '10년 뒤면 가치투자를 지향하는 주식과 호재를 예상하는 판교 아파트, 과연 어느 투자자가 웃을 것인가?'라는 흥미로운 기사도 나왔습니다. 약 12년 뒤, 결과는 '가치투자'를 했던 주식형펀드의 승리였습니다. 로또가 될 것이라던 아파트는 가격이 많이 오르긴 했지만, 두 배 정도 상승(100%)한 반면, 주식형펀드는 150%의 수익이 났습니다.

　　그간 시간이 흐르며 큰 변화도 있었습니다. 펀드가 출시된 지 2년이 지났을 즈음 미국에 서브프라임 모기지 사태와 금융 위기가 온 것이죠. 중소형 가치주에 투자하여 손실 없는 투자를 지향했던 이 펀드도 손해를 피해갈 수 없었습니다. 펀드가 운용 개시된 이후 2년이 지난 2008년 10월경에는 14%의 손실을 기록했습니다(거치 기준). 하지만 코스피 주가가 반 토막이 되어 900선 이하로 떨어지고, 같은 기간(2년) 동안 성장주식형펀드가 30% 가까운 손실을 기록한 당시 상황과 비교하면 나름 선방한 것입니다.

주가는 결국 기업 가치를 반영합니다. 주식이나 펀드의 유형은 크게 성장주와 가치주로 나뉩니다. '가치주펀드'는 실제 기업 가치에 비해 주가가 현저히 낮은 기업에 투자하는 펀드를 말합니다. 가치투자의 대전제는 '주가는 결국 기업 가치를 반영한다'는 것인데, 예를 들어 기업 가치는 100억 원인데 주가의 합은 70억 원이라면 주가가 기업 가치에 미치지 못하기 때문에 향후 장기적으로 보면 결국 기업 가치인 100억 원에 근접할 것이라는 기대입니다. 회사가 갖고 있는 내재가치에 주목하는 '가치주'와 다르게 이익과 호재 등 미래의 성장 가능성을 본다면 '성장주'입니다. 원래 가치에 비해 비싸면 사지 않는 가치주와 다르게 성장할 것이라고 보는 주식을 비싸도 사는 것입니다. 돈이 될 것이라는 확신 때문에 돈이 몰리는 것이죠.

하지만 그 확신이 빗나가면 성장주는 큰 변동을 겪습니다. 예상보다 실적이 저조하면 주가가 출렁이며 하락하고 마는 것이죠. 그야말로 기업이 갖고 있는 내재가치에 비해 높은 가격에 거래되다가 거품이 빠지는 것입니다. 그에 반해 가치주는 변동이 적습니다. 크게 오르지도 않고, 크게 빠지지도 않죠. 그래서 재미(?)가 없기도 하고 큰 수익을 기대했던 사람들에게 실망을 주기도 합니다. 실제로 2015년 이후 코스피와 반도체 중심의 큰 기업들의 주가가 급등할 때 큰 수익을 내지 못했습니다. 하지만 '잃지 않기'를 원칙으로 하는 '가치투자의 수익'은 성장주를 능가합니다. 지난 12년 동안 대형 성장주에 비해 중소형 가치주는 80% 이상 초과 수익을 내고 있습니다.

멀리 보는 투자, 사람도 마찬가지입니다. 가치주와 성장주를 사람, 가족, 친구, 배우자에 비교하면 어떨까요? 당장 큰돈을 벌어오는 옆집 남편보다 연봉은 적어도 꾸준하게 가장 역할을 해내는 묵묵한 남편, 커리어 우먼 아랫집 아내보다 경력은 화려하지 않지만 좋아하고 잘할 수 있는 일을 찾아 열심히 공부하는 아내라면 가치주가 아닐까요? 내 재가치(태도와 소통능력)에 집중하고 주가(연봉과 소득)가 저평가되었더라도 꾸준히 '보유(동행)'하여 '주가(진가)'가 오를 때까지 기다리는 것, 그것이 아름다운 동행일 것입니다.

저명한 경제학자 케인즈는 사람의 심리 변화를 이용해 차익을 노리는 것은 '투기'이고, 장기적인 자산 가치의 상승을 염두에 둔 것을 '투자'라고 정의했습니다. 물론 인간관계는 사고파는 주식이 아니기 때문에 서로 사랑의 수고를 아끼지 말고, 남들과 비교하지 말아야 합니다. 특히 돈 때문에 서로를 포기하는 일은 없어야 합니다.

가정의 경제학은 '잃지 않는 가치투자'를 지향합니다.

월급으로 한 달 사는
5단계 지출 시스템

　　　　　　　　한 맞벌이 부부가 재무 상담을 받은 적이 있습니다. 아내는 남편을 힐긋 바라보며 이렇게 푸념을 털어놓았습니다.

"꼼꼼하게 가계부를 작성하면 뭐해요. 남편은 관심도 없는데…."

늘 가계부를 작성했지만 들여다보지도 않는 남편의 무관심에 가계부는 아내만의 일기장이 되었습니다. 이는 어느 한 가정의 사례가 아닙니다. 한 사람은 열심히 작성하는데, 부부가 함께 점검하지 않는다면 가정경제에 피드백이 되지 않아 결국 가계부의 약발은 오래가지 못합니다.

해마다 서점에는 업그레이드된 가계부가 진열됩니다. 주요 포털 사이트에도 인터넷 가계부가 잘 마련되어 있죠. 수많은 금융 어플리케이션도 등장했습니다. 시스템 다이어리와 IT 기술의 발달로 '쓰기'는 참 편해졌습니다. 하지만 '활용도'는 어떤지 의문입니다.

생각해보세요. 가계부를 쓰는 이유는 무엇일까요? 예산 관리 때문 아닙니까? 그러나 단순히 돈을 아끼기 위한 기록에 불과하기 때문에 대부분 중도에 포기합니다. 예산 관리를 잘하는 방법을 안다면 굳이 가계부를 작성할 필요가 없습니다.

항목별로 예산을 세워 그 범위 안에서 돈을 쓰는 습관을 유지하도록 돕는 간단한 돈 관리 시스템을 알려드리겠습니다. 이 재무 시스템을 갖춘 뒤 제조 공장의 컨베이어벨트처럼 매일, 매달, 매년 돌리면 돈 걱정을 할 필요가 없습니다. 돈을 많이 벌든 적게 벌든 월급으로 한 달을 살며 적시에 사용할 수 있는 돈을 모아봅시다.

1단계: 부부가 월급을 공개하고 통장을 합친다.

잘 쓰기 위해서는 먼저 '얼마를 버는지' 아는 것이 중요하겠죠? 부부가 각자 급여명세서를 공개하고 정확한 실수령액을 파악해야 합니다. 매달 수입이 일정하지 않다면 연간 총수입을 12개월로 나눈 평균치를 월 급여로 보면 됩니다. 간혹 맞벌이를 하면서 각자 돈 관리를 하는 가정이 있는데, 그러면 돈을 잘 모을 수 없습니다. 돈 걱정 없는 가정경제를 이루려면 부부의 통장을 합치고, 함께 관리하는 것부터 시작해야 합니다.

2단계: 가계부 항목을 정한 뒤 예산을 세운다.

가계부 항목을 지나치게 세분화할 필요는 없습니다. 가계부의 지출 항목을 6개로 나눈 뒤 항목별로 예산을 세우고 그 안에서 돈을 쓰는 것이 중요합니다. 이때 지출 예산은 부부가 함께 정해야 합니다. 각종 공과금과 보험료 등 명세서를 펼쳐놓고 적어보면 '고정 생활비'를 파악할 수 있습니다. 각자 교통비 등의 경비를 자세히 따져보고 용돈은 얼마가 적당한지 결정하세요.

이렇게 부부의 지출 계획을 잡기 위해서는 최소 한두 달 동안 지출 내역을 파악해야 합니다. 배우자의 평소 돈 씀씀이 때문에 불만이 터져 나올 수도 있지만, 더 나은 미래를 위한 계획을 세우는 단계이니 이해해야 합니다.

서로 인정할 수 있는 적정한 예산을 잡아봅시다. 신용카드 사용을 최대한 줄이고, 체크카드를 사용하면 예산 안에서 돈을 쓰는 습관이 만들어집니다. 꼭 범위 안에서 체크카드를 사용해야 합니다. 아무리 예산을 잡아도 신용카드 사용으로 시스템이 무너지는 경우가 많으니 주의하세요. 신용카드를 쓰는 것과 쓰지 않는 것에 따라 1년 뒤 가정 경제가 확 달라진다는 점을 기억합시다.

3단계: 생활비의 두세 배 금액을 긴급예비자금으로 준비한다.

지출 항목별로 예산을 책정한 뒤 범위 안에서 지출을 유지해도 갑자기 돈 쓸 일이 생기는 것이 문제입니다. 이때 필요한 것이 긴급예비자금, 곧 '저수지 통장'입니다. 저수지 통장을 따로 만들어놔야 재무 시스템이 제대로 돌아갑니다. 이 통장은 CMA*로 만들어 전년도 월 생활비의 두세 배 정도 되는 금액을 붓습니다.

이 돈은 저수지처럼 잔고를 일정히게 유지하도록 합니다. 급한 일이 있어 돈을 썼다면 다른 부분에서 아끼든지, 상여금이 생길 경우 곧바로 채워 넣어 일정 금액을 유지하세요. 저수지 통장은 출금하기 어렵게 만드는 것이 좋습니다. 쓰기 불편해야 저수지처럼 모아놓을 수 있겠죠? 이렇게 여유가 생기면 저축에 대한 의욕이 더 강해집니다.

4단계: 수시로 들어가는 돈은 미리 예산을 잡아 준비해놓는다.

긴급한 상황과 함께 예산 범위 안에서 돈을 쓰기 어려운 또 다른 이유는 경조사나 휴가비 등 수시로 돈 쓸 일이 생기기 때문입니다. 부모님 용돈, 명절, 휴가, 자동차 보험료 등이 여기에 속하죠. 하지만 수시로 들어가는 비정기 지출 비용은 1년 전에 미리 예산을 잡을 수 있습니다. 새해에는 한 해 동안 치러야 할 행사를 꼼꼼하게 체크하고 준비합시다. 앞으로 1년간 비정기 지출 예산이 3백만 원이라면 매달 25만 원씩 붓는 정기적금에 가입합니다. 이때도 CMA 통장을 활용하는 것이 좋습니다.

---

* CMA(Cash Management Account, 종합자산관리계좌): 입출금이 자유로운 단기금융상품에 투자하여 운용되는 만큼 하루를 맡겨도 입출금 통장보다 더 높은 이자가 지급된다. 공과금 자동납부, 급여 이체, 인터넷뱅킹 등 은행 업무가 가능하다. 월급을 비롯한 일시적 여유자금, 비상금, 투자용 대기자금, 모임 회비 등을 넣어두는 통장으로 두루 활용할 수 있다.

5단계: 월급날 급여 통장을 0원으로 만든다.

매달 고정적인 생활비와 함께 저축할 수 있는 돈이 생겼으니 이제부터는 급여 통장을 0원으로 만듭시다. 월급날 통장에 돈이 들어오면 계획한 대로 생활비 통장, 비정기 지출 통장, 용돈 통장 등으로 보냅니다. 잉여자금은 단기, 중기, 장기 재무 이벤트별로 만든 통장에 각각 이체합니다. 이러한 컨베이어벨트 시스템은 신용카드를 쓰지 않을 때 더욱 빛을 발합니다.

이렇게 5단계 시스템을 습관화한 뒤 6개월마다 '순자산 파악하기'로 재무 상태를 점검하세요. 가정경제가 어떻게 나아지고 있는지 정기적으로 확인하는 것이 좋습니다.

공포 마케팅 시대,
염려가 아닌 준비가 우선이다

바야흐로 공포도 상품이 되는 시대입니다. 우리 가정경제에도 '공포 마케팅'이 물결치듯 일렁입니다. 경제적 위험과 공포를 매개로 만들어진 금융상품들이 발 빠르게 나오고 있죠. 길어진 노후에 대한 두려움 때문에 중도 해약을 반복하면서도 연금상품이 끊임없이 팔리고, 사상 최저 상태인 저금리 상황에 돈 맡길 데가 없다는 불안감이나 건강에 대한 염려까지 더해집니다. 상담을 하다보면 공포영화를 방불케 하는 사례들이 허다합니다. 몇 가지 사실을 바탕으로 각색한 장면을 살펴보겠습니다.

[장면1] 남편 몰래 과한 투자를 했어요.

남편의 퇴직금 1억 원을 호텔 객실 다섯 채에 투자했다는 한 여성의 이야기다. 하나의 호텔 객실을 개별 등기로 분양받아 투자해서 노후에 월세로 받겠다는 계획을 세웠지만 결국 계약금 1천 5백만 원짜리를 다섯 채나 계약하고 만 것이다. 계약금만 7천 5백만 원을 냈지만, 2년 뒤 등기를 접수할 때 6억 원 이상 대출을 받아야 한다. 분양 업체에서는 수익률 8%를 보장했다. 하지만 임대를 시작한 1~2년 뒤에는 얼마가 될지 모른다. 수익률 8%는 1년 확정일 뿐이고, 대출을 받아 투자를 가정했을 때의 수익률이라, 금리가 올라갈 경우에는 이자 부담이 늘어 수익률이 떨어질 수도 있다. 우후죽순처럼 호텔 분양 물건들이 많이 나와 5년 뒤에 공실이 장기화되거나 자산 가격이 정체되고 수익성이 떨어진다면 환매하는 것도 쉽지 않다.

[장면2] 소득 없는 부모님의 사망보험금이 7천만 원?

28세 미혼인 딸이 소득이 없는 부모님의 노후가 걱정돼 1백만 원짜리 변액유니버설 종신보험에 가입했다. '종신보험'은 사망보험금을 목적으로 한 상품이다. 노후자금으로 빼 쓸 수 있다지만, 보험사에서 떼 가는 수수료인 사업비와 사망에 대한 보험료가 상당히 높다. 펀드로 높은 수익을 내지 않는다면 10년을 부어도 원금 회복이 안 된다. 애초부터 순리가 아니었다. 설계사가 시킨 대로 몸이 편찮으셔서 경제 활동을 하지 못하는 부모님 소득을 '5백만 원'이라고 적었다. 그래야만 사망보험금이 높게 설정되어 보험 계약이 성사된다고 했다. 이두 건의 종신보험을 포함해서 한 달에 내는 보험료는 총 170만 원이다. 부모님을 돕겠다는 효심은 크지만, 한 달 월급 2백만 원으로 감당하기에는 너무 버겁다. 부모님 중 한 분이 돌아가셔야 사망보험금으로 다른 한 분의 노후가 해결되는 종신보험, 과연 합리적일까?

'공포 마케팅'에 휩쓸려 무리한 재테크와 금융상품 구입을 감행하면 큰 비용 부담에 짓눌릴 수 있습니다. 젊었을 때야 실수해도 다시 복구할 건강과 시간이 있기에 용감무쌍할 수 있습니다. 하지만 은퇴와 노년기를 바라보는 중년에는 '마지막 한 수'를 두는 마음으로 유의하고 또 유의해야 합니다. 상담하면서 만나는 중·노년 세대가 자주 하는 말이 있습니다.

"굳이 그러지 않았어도 될 것을…."

노후에 얼마가 필요한지 검소한 생활을 통해 점검하고 공적연금, 퇴직연금 등은 얼마나 나오는지 살펴 현금 흐름을 계획하는 과정 없이 조바심에 무리한 재테크에 나서면 안 됩니다.

보험도 조심해야 합니다. 경제가 어려워지면서 2015년 한해 보험 해약금만 15조 원에 달했습니다. 국가 예산의 3%나 되는 큰돈입니다. 명확한 기준 없이 단지 '필요할 것 같아서' 구입한, 그 좋다는 상품들을 감당할 수 없어 해약하기를 반복하고, 결국 보험 해약 시 '미상각 신계약비'란 명목으로 보험사의 배만 불려주고 있습니다.

우리는 5년 뒤, 10년 뒤 미래에 대한 계획과 준비 없이 '만일의 위험을 대비한다'라는 구실로 너무 많은 돈을 낭비하고 있습니다. 65세 이후, 사후(死後)가 아닌 노후(老後)가 중요한데, 죽어야 사망보험금이 나오는 비싼 종신보험을 가입하고, 평생 불구로 살아야 보험금이 나오는 극한 상황을 빌미로 돈을 내고 있습니다. 100세 인생이라지만, 하루하루가 있어야 100세도 있는 법! 아버지의 사망으로 받은 보험금으로 나머지 가족이 살아야 하는 부조리한 금융 마케팅 때문에 언제까지 해약과 가입을 반복해야 하나요? 공포 마케팅에 휘둘리지 말고, 아래의 원칙을 참고하여 노후를 준비합시다.

1. 중년 부부의 보장성 보험료는 25만 원을 넘기지 말자.
   건강하다면 노후실손보험을 활용하자. 자기부담금이 크더라도 저렴하게 평생 유지하는 것이 좋다.

2. 집을 담보로 한 주택연금은 최후의 보루다.
   73세부터 3억 원 기준, 1백만 원 수령 예상

3. 국민연금, '임의 가입'으로 연금 맞벌이하되 최대한 늦게 수령하자.
   연간 7.2%씩 할증, 최대 5년까지 연기 가능
   소득이 없는 남편이나 아내의 경우 국민연금 의무 가입자는 아니지만, 자발적으로 '임의 가입'하는 것이 가능하다(단 60세 이하). 매월 89,100원을 12년간 납부할 경우 평생 매월 20만 원 정도 국민연금을 수령하게 된다. 국민연금 의무가입자인 남편이나 아내의 국민연금 수령액이 80만 원이라고 가정할 경우, 임의 가입한 배우자의 국민연금 수령액 20만 원을 합하면 총 1백만 원의 국민연금을 수령해 최소한의 노후생활비를 마련할 수 있다.

미래에 닥칠지도 모를 위험을 미리 염려하거나 두려워하지 말고, 미래를 준비할 능력이 없다고 주눅 들지 말고, 현 가정경제 상황에서 마땅히 할 수 있는 준비를 꾸준히 실행해야 합니다.

빚으로부터
나의 보험을 보호하라

　　　　　　　대표적인 '불황형 대출'로 꼽히는 보험약관 대출 총 잔액이 53조 원을 넘었습니다. 2011년 이후 대출 규모 30조 원을 넘으며 5년간 꾸준히 늘었는데, 보험약관대출을 권하는 문자 메시지 발송은 계속 늘고 있습니다. 보험 해지 환급금의 최대 95%까지 받을 수 있다며 긴급자금이 필요할 때 보험약관대출을 받으라는 내용입니다.

　　보험사들이 저금리로 인해 운용 자산 수익률이 하락하자 적은 리스크로 높은 수익을 창출할 수 있는 보험약관대출로 눈을 돌리고 있는 것입니다. 보험사는 보험 가입할 때 사업비를 떼고 보험약관대출로 운용 자산 수익률까지 높일 수 있는 셈입니다. 이번에는 '불황형 보험약관대출'에 대해 주의할 점을 알아봅시다.

　　보험약관대출, 결코 싸지 않다는 점을 기억하셔야 합니다. 현재 보험사들이 취급하고 있는 보험약관대출 금리는 종류에 따라 4~9% 정도입니다. 생·손보협회에 공시된 보험 계약 대출 자료에 따르면 금리연동형은 4~4.83% 정도 수준이죠. 차이가 있는 것은 각 회사별로 대출금리를 산정하는 기준금리가 다르기 때문입니다. 보통 보험약관대출은 보험사별로 공시하는 기준금리에 1.5%를 더해 이자가 정해집니다.

약관대출 중에 이자가 높은 것은 금리연동형이 아니라 금리확정형입니다. 금리확정형의 평균금리는 7% 정도로, 가장 이자율이 높은 곳은 9.22%에 달합니다. 수십 년 전 금리가 좋을 때 확정금리로 가입했던 보장성이나 저축성연금보험들의 경우 대출을 받으면 꽤 높은 이자를 내야 합니다.

그 보험료를 담보로 가입자에게 대출을 해주는 것인데도 금리가 높은 편입니다. 비슷한 형태로 은행의 적금이나 예금을 들고 있다가 상황이 갑자기 어려워서 대출하는 예·적금 담보대출 금리는 보통 3% 내외입니다. 예금 이자에 1.5%의 가산금리(기준금리에 신용도 등의 조건에 따라 덧붙이는 금리)가 붙는 셈입니다. 보험약관대출은 기준금리 자체가 3%부터 시작합니다. 여기에 가산금리가 작게는 1.5%, 최대 6.97%가 더해져 보험약관대출의 금리는 보통 4~9%입니다. 2016년 9월, 약관대출 규모가 53조 원이고, 2017년 초반엔 보험사들의 약관대출금리가 4.5% 안팎인 점을 고려하면 보험사는 연간 2조 4천억 원가량의 수익을 낸다는 계산이 나옵니다.

단, 신용대출처럼 18% 후반대의 연체 이자가 생기지는 않습니다.

이자가 미납됐다면 연체 이자율이 적용되는 것이 아니라, 미납 이자가 원금에 합산되어 대출 원금이 증가하는 방식입니다. 신용 등급에도 영향은 없지만, 문제는 보험약관대출 후 이자 미납 등으로 대출 원금이 늘어 해지 환급금을 초과하면 보험사가 보험 계약을 해지할 수 있습니다.

실제로 가정경제 상담을 하면서 보험약관대출금을 갚지 못해 보험이 해지됐다고 말씀하시는 분들을 많이 만났습니다. 보장이 좋은 상품들마저 해약된 경우를 보면 얼마나 안타까운지 모릅니다. 보험 해지 환급금의 최대 95%까지 약관대출을 받을 수 있는 것은 결코 장점이 아닙니다. 전화 한 통이면 해결되는 편리한(?) 대출이 만약의 위험을 대비하는 최소한의 보험마저 옥죌 수 있다는 것을 반드시 명심해야 합니다.

무리하게 가입한 보험료를 내느라 적금을 깨거나 대출을 받는 가정도 많습니다. 요즘 보험 리모델링이 유행하고 있죠. 하지만 리모델링를 한 뒤 오히려 보험료가 늘어난 경우도 있습니다. 상품 중심으로만 접근해서 주위에서 좋다는 보험들을 비교하고 가입하는 데 그칠 것이 아니라, 가정경제의 안정적인 현금 흐름을 계획하는 것이 중요합니다. 흔히 설계사들이 보장성보험료는 '소득의 몇 퍼센트'라며 가입을 권하지만, 소득 자체가 어떻게 될지 모르는 불확실한 상황에서는 문제가 달라집니다. 보험은 최소한의 대비로 꼭 필요한 것만 집중하고, 나머지는 저축할 수 있는 시스템을 만드는 것이 좋습니다.

보험료를 내지 못할 정도로 위기인 상황에서 반드시 유지해야 할 보험이라면 약관대출을 받아서라도 유지할 필요가 있지만, 보험사별로 금리 차이가 크게 나니 잘 비교하고 이자율이 낮은 곳을 선택해야 합니다. 무엇보다 보험 계약 대출을 받지 않는 상황을 만드는 것이 중요합니다. 그래서 갑작스러운 지출에 대비하여 긴급예비자금을 월 생활비 이상 보유하는 것이 좋습니다.

요즘은 보험사나 은행의 재무 건전성을 위한 회계 기준 등 여러 제도가 시행되고 있습니다. 보험상품에 가입하는 가정의 재무 건전성도 중요한 만큼 무리한 보험 마케팅을 감시하고, 약관대출의 이자를 감독하는 금융 당국의 책임 있는 역할도 기대합니다.

빚만큼은
평균 이하로 살자

　　　　　　　최근 우리나라 1인당 국민소득이 2만 7천 5백 달러를 넘었다는 통계가 나왔습니다. 원화로 환산하면 3,082만 원 수준이고, 자녀가 2명 있는 4인 가구로 보면 연간 소득이 1억 2천 3백만 원이 넘는 수치입니다. 이와 비슷한 시기에 부채에 관한 통계가 나와 눈길을 끌었습니다. 2016년 말 기준, 우리나라의 가계 부채 총액은 1,344조 원으로 집계되었다고 합니다. 우리나라의 주민등록 인구(5,169만 6,000명)를 고려하면 국민 1인당 가계 부채는 2천 6백만 원이 넘습니다.

　　국내 경기 불황으로 기업들의 구조조정, 고용 불안 등 소득은 늘지 않는 상황에 미국을 비롯한 선진국 금리 인상에 따른 대출금리 인상으로 가계 부채의 위험성이 제기되자 금융 당국에서 대출 규제에 적극 나서고 있습니다. 소득이 높지 않은 생계형 대출이 증가하는 추세

이기 때문에 금융 당국의 근본적인 대책이 절실하지만, 가정경제에서도 경계경보 발령이 필요한 시점입니다.

　전국에서 주택을 보유한 가구의 평균 빚은 1억 원이라고 합니다. 가계 부채 규모로 볼 때 1인당 부채가 2천 6백만 원 수준이니 공교롭게도 4인 가구가 빚을 내 내 집 마련을 한 셈과 비슷합니다. 1억 원을 15년 동안 원리금 상환 조건으로 3.5%의 고정금리 보금자리론을 받았다고 가정하면 매달 71만 4,000원씩 갚아야 합니다. 외벌이 가정의 소득을 3백만 원으로 가정할 때 소득의 20% 이상, 맞벌이 소득을 4백만 원이라고 가정할 때 15% 이상 수준입니다. 평생 맞벌이가 쉽지 않은 만큼 대출 원리금 계획은 남편이든 아내든 한쪽 소득에서 상환에 문제가 없는 수준으로 줄이는 것이 중요합니다. 통상 주택담보대출은 집값의 30% 이내가 적당한데, 이를 초과한 대출이 있다면 대출 잔액을 줄여가는 노력이 더욱 절실합니다.

　예비부부에게도 전세대출은 8천만 원을 넘기지 않을 것을 권장합니다. 예를 들어 결혼식 비용을 제외하고 신혼집 마련에 보탤 수 있는 돈이 8천만 원이라고 하면, 8천만 원의 대출을 받아 1억 6천만 원 정도의 전셋집을 구할 수 있습니다. 통상 전세대출은 보증금의 30% 이내를 권하지만, 준비된 돈이 별로 없을 때는 보증금의 50%를 넘지 않되, 금액은 최대 8천만 원으로 제한하기를 권합니다.

　남편의 소득이 250만 원이라고 할 때 20%인 50만 원씩 대출 원금을 꾸준히 갚고, 2년간 계획 임신을 통해 아내가 버는 소득으로 월 1백만 원씩 갚아나간다면 2년 뒤 대출 원금 잔액은 4천 4백만 원이 되어 전세 보증금의 30% 이내로 들어오게 됩니다.

　신혼 초기에는 귀한 생명을 맞이해야 하는 시기에 8천만 원 이상의 빚을 보유하지 않겠다는 각오로 대출금 상환에 집중해야 합니다. 1인당 2천 6백만 원, 참 뼈아픈 숫자이지만 부동산 관련한 대출 빚만큼은 1인당 평균을 넘지 않기를 바랍니다.

신용카드,
쓰더라도 잘 쓰자

〈김생민의 영수증〉이라는 TV 프로그램이 큰 인기를 끌었습니다. 김생민 씨는 적금 자동이체를 하루도 쉬지 않아 17년 만에 무려 10억 원을 모았다고 합니다. 두 사람이 손을 맞대야 짝, 하는 소리가 나는 것처럼 그가 돈을 아끼고 모을 수 있는 것은 아내의 영향도 크다고 합니다. 아내도 김생민 씨 못지않게 절약하는 습관이 몸에 배어 있고, 서로 성향도 비슷해 협조가 잘되어 성공한 것입니다. 돈을 잘 모으는 성향인 자린고비형이 부부로 만날 확률은 8%에 불과하다고 합니다. 돈에 대한 심리가 비슷한 사람끼리 만날 확률이 높지 않은 만큼, 서로 돈에 대한 태도와 성향을 파악하고 맞춰나가는 노력이 필요합니다.

먼저 카드 명세서에 돈을 쓰는 '상황'을 기록하세요. 신용카드를 사용한 뒤 명세서를 받지 않거나 바로 버리는 경우가 많습니다. 그러다

보니 자신이 돈을 얼마나 쓰고 있는지 파악하지 못하는 것입니다. 그러다 막상 카드 결제일이 되면 뭘 이렇게 많이 썼나, 후회가 막심하죠. 생각지도 못한 돈을 결제하는 것 같다며 억울해 하지 말고 이제부터라도 카드 명세서를 버리지 말고 보관해 놓았다가 자신이 어떤 상황에서 카드를 쓰는지 파악하도록 합시다.

가령, 요즘 외식비로 돈을 많이 쓰며 갈등을 겪는 부부들을 많습니다. 외식비가 얼마나 나갔는지 달마다 총액을 점검하는 것도 중요하지만, 외식비만 문제 삼을 것이 아니라 어떤 상황에서 주로 외식을 하는지 살펴볼 필요가 있습니다. 살림을 맡은 남편 혹은 아내가 육아나 가사에 대한 부담으로 외식을 자주 하는지, 귀가한 남편 혹은 아내가 집안일을 도와주지 않아 식사 준비를 할 시간이 없어 외식을 자주 하는지 등을 찬찬히 살펴보자는 것입니다. 그래야 부부 관계에 금이 가지 않고, 불필요한 지출과 과소비를 수정하고 조정할 방법을 모색할 수 있습니다. 따라서 돈을 쓴 영수증 항목과 금액을 집계하는 것보다 어떤 상황에서 누가 주도적으로 지출을 하는지 파악하는 것이 먼저입니다.

그리고 고정 지출은 체크카드에서 빼 쓰고, 비정기 지출 통장은 따로 관리해야 합니다. 지출 문제로 다투는 가정은 예산 자체가 없는 경우가 많습니다. 매월 비슷하게 나가는 고정 지출은 체크카드에 돈을 넣어놓고 그 안에서 규모 있게 쓸 것을 제안합니다. 먼저 체크카드에 얼마를 넣을 것인지 예산을 잡는 것이 중요한데, 가계부 항목을 자세하게 나누기보다 큰 덩어리로 묶어 예산을 세우는 것이 좋습니다.

매월 비슷하게 나가는 통신비, 공과금을 포함한 [주거생활비], [교육비], 식비와 외식비를 나누지 말고 하나로 묶은 [식비·외식비], [보험료], 교통비를 포함해 각자에게 나눠준 체크카드 통장으로 보낼 [용돈]으로 나눕니다. 이 5개가 매월 비슷하게 나가는 정기 지출인데요, 한 가지 더 추가할 것이 바로 비정기 지출입니다.

일단 달력을 펼쳐 1월 신정, 2월 설 연휴, 3월 자녀 신학기 관련 지출, 6월 자동차 세금, 8월 여름휴가, 9월 추석 등 비정기 지출 기간을 체크한 뒤 그에 필요한 총액을 계산하고 매월 따로 그 돈을 관리하는 것이 좋습니다. 보통 1년에 6백만 원 정도 되는 경우가 많은데, 이를 대비해 매월 50만 원씩 따로 통장을 만들어 모아 두었다가 지출하는 것입니다. 그렇게 따로 모을 돈이 없다고들 하지만, 어차피 쓸 돈입니다. 정 안 되면 적금을 깨서라도 비정기 지출을 따로 관리해야 합니다. 비정기 지출을 따로 관리하지 않으면, 매달 버는 소득에서 저축을 늘리기가 쉽지 않습니다.

신용카드는 '마패'처럼 비정기 지출 시에만 꺼내 쓰는 것이 좋습니다. 많은 사람이 체크카드만 쓰고 신용카드를 없애라고 말합니다. 하지만 실행으로 옮기기가 쉽지 않죠. 특히 아이를 키우는 경우 유치원비 마련을 위해 반드시 만들어야 하는 아이사랑카드, 놀이동산 50% 할인카드, 주유 할인카드 혜택을 포기하기가 어렵습니다. 그래서 저는 항상 신용카드(특히 혜택이 좋은 카드)를 쓰되, 마패처럼 쓸 것을 강조합니다. 암행어사가 출두하듯이 예산으로 잡은 비정기 지출 시에만 꺼내 써야 합니다.

　정리하면, 매달 평균적으로 쓰는 생활비는 체크카드로 규모 있게 쓰고, 그 외에 명절 선물 살 때, 주유할 때, 놀이동산 갈 때, 가족 모임이 있어 외식할 때 등 비정기 지출 시에는 신용카드를 쓰라는 것입니다. 비정기 지출 통장을 신용카드 결제계좌로 등록하면 포인트 혜택을 충분히 활용하며 기분 좋게 신용카드를 사용할 수 있습니다.

세이브(SAVE) 더 패밀리, 자녀의 대학자금을 준비하라

국가는 저출산 문제로 걱정이 많지만, 정작 가정에서는 자녀 한 명 키우는 데 들어가는 교육비로 고민이 많습니다. 자녀 한 명이 4년제 대학을 졸업할 때까지 드는 양육비 및 교육비가 3억 원이 넘는다는 통계가 있습니다. 미래에 대한 불안감만 준다는 반론이 제기된 이 통계에는 또 다른 허점이 있습니다. 물가 상승을 고려한 총액이 아니라, 현시점에서 연령대별 교육비의 단순 합계를 평균 냈다는 것입니다. 물가 상승을 고려한다면 더 큰 금액이 들어갈 것이라는 계산이 나옵니다.

그렇다면 자녀가 실제로 대학에 입학할 즈음엔 어느 정도의 자금이 들어갈까요? 일단 현재 상황을 살펴봅시다. 한 학기 등록금은 평균 450만 원으로 1년에 두 차례 납부해야 하고, 한 달 용돈을 25만 원이라 가정하면 연간 1천 2백만 원이 필요합니다. 4년이면 5천만 원 정도 들어가는 것이죠. 지난 10년간 대학 등록금 인상률은 연평균 5%에 육박했지만, 다행히 현재는 대학 등록금이 물가상승률의 1.5배를 넘지 못하게 제한되었습니다. 현재 자녀가 5세인 가정의 경우, 미래 대학자금 인상률을 3% 정도로 잡으면, 대학에 들어가는 15년 뒤에는 8천만 원이 됩니다.

그러나 다시 뒤집어 생각해볼 것은 대학자금 8천만 원은 15년 뒤의 미래 가치이지만 현재 가치로는 5천만 원이라는 것이죠. 과연 이 돈은 현재에 어떤 돈일까요? 누군가에게는 월급 2백만 원씩 받으며 맞벌이 하는 부부의 1년 연봉일 수도 있고, 누군가에게는 한 사람의 연봉, 누군가에게는 자가용 한 대 값일 수도 있습니다.

몇 해 전에 만난 한 가정은 어린 두 자녀의 미래를 위한 저축은 하나도 하지 않은 상태였고, 매달 차량 할부금으로 80만 원이 빠져나간다고 했습니다. 남편의 설명 대로 '연비가 좋아서 샀다'는 그 외제 차량의 가격은 5천만 원이었습니다. 자녀의 대학자금과 외제차 한 대를 맞바꾼 소비 행위라고 하면 과장일 수 있지만, 최소한의 소득에서 저축하며 미래를 준비하는 습관이 매우 부족한 상황이었습니다.

물론 과소비하지 않아도 빠듯한 게 현실이죠. 전세금과 월세비 등도 만만찮지만, 가계 지출 중에서 가장 줄이기 어려운 것은 바로 교육비입니다. 한국인의 자녀 교육에 대한 열정은 상상을 초월하지 않습니까? 실제 지난 1년 동안 가처분 소득과 비교하면 사교육비 증가율이 6배가 높아졌다는 통계가 있습니다. '꿈을 먹고 자라야 할 자녀들이 돈을 먹고 자란다'라는 말이 나올 만한 상황입니다. 좋은 대학에 보내기 위해 사교육을 시키며 돈을 쓰는데, 문제는 정작 '목표'인 대학자금이 준비되지 않았다는 것입니다. 자녀가 대학에 진학할 때면 부모 세대는 50대 초·중반이고, 정년이 빨라지거나 임금피크제로 소득이 줄어드는 경우가 많습니다. 부모는 빠듯해서 힘들고(苦), 아이들은 학업으로 스트레스를 받는 이중고(苦)가 찾아옵니다.

가정경제 상담에서 강조하는 한 가지 원칙은 '빚을 내 학원을 보내지 않더라도 자녀의 대학자금은 준비하자'는 것입니다. 요즘 맞벌이로 인해 돌봄의 한 방편으로 자녀를 여러 군데의 학원에 돌리는 경우도 있습니다. 초등학생 이하 어린 자녀들은 방과 후 수업이나 지역 사회의 돌봄 네트워크를 활용하는 대안을 찾고, 중고생 자녀와는 현실적인 대화를 통해 인터넷 강의 등 '자기주도적인 학습 능력'을 키워 학원비를 적정선에서 관리해야 합니다.

여윳돈이 있다면 비교적 안정적인 정기예금이나 일시납 저축성보험에 가입해 복리 이자로 굴리면 좋겠지만, 팍팍한 살림에 여윳돈을 가지고 있는 사람은 많지 않습니다. 5년 이상 장기적인 목표를 갖고 적립식펀드에 투자하는 것을 추천합니다. 월 25만 원씩 적립식으로 투자할 경우, 물가 상승보다 약간 높은 수준인 4% 수익을 목표로 탄력적으로 관리하면 15년 뒤 예상하는 준비 자금은 6,127만 원입니다(원금 4천 5백만 원). 대학자금 전부는 아니어도 77% 정도는 준비할 수 있습니다. 요즘은 워낙 금리가 낮아 적금이나 공시이율의 저축성보험으로는 대학자금을 마련하는 것이 쉽지 않습니다. 모인 돈을 한꺼번에 예치하는 정기예금과 달리 정기적금이나 저축성보험은 매달 붓는 돈에 대해 순차적으로 기간을 고려해 이자가 계산되기 때문에 가령 적금금리가 3%라 하더라도 실질 수익은 절반 정도인 1.5%밖에 안 됩니다.

자녀가 3년이나 5년 안에 대학에 들어가는 경우라면 안정성을 우선으로 생각해 당연히 적금을 들어야 하지만, 15세 미만의 어린 자녀라면 장기적인 물가 상승과 화폐 가치의 하락을 대비해 수익률을 높이는 전략을 취해야 합니다. 만기를 길게 잡되 무조건 장기로 묵히면 수익을 내기 어렵습니다. 적정 수익이 나면 이익금을 환매하여 정기예금으로 예치하거나 다시 분산투자하는 등 수익을 관리하는 전략이 필요합니다.

펀드를 고를 때는 변동성이 심한 성장주보다 정기적으로 높은 배당을 받는 회사에 투자하는 배당주(국내)펀드나 글로벌(해외)배당주펀드가 좋습니다. 2017년 말에 해외주식에 투자하는 펀드에 대한 비과세 혜택이 종료되었는데, 미리 해외주식 비과세계좌를 만들지 못했다면, 일반과세(15.4%) 적용으로 수익금에 대한 세금을 낸다 하더라도 최소 5년 이상 멀리 보고 성장의 잠재력이 있는 큰 국가에 투자하는 것이 좋습니다. 매월 소득에서 적립식펀드계좌를 만들어놓으면 주가가 하락할 때마다 성장성이 높은 국가와 이익률이 좋은 기업의 주식을 저렴하게 살 수 있어 평균 매입 단가 하락의 효과로 수익률을 높일 수 있습니다.

맞벌이 가정이라면 '첫째는 아빠가, 둘째는 엄마가' 대학자금을 준비하는 것도 지혜로운 방법입니다. 한 명씩 맡아 목표와 명분을 갖고 즐겁게 버는 소득에서 저축하는 전략이죠. 현재는 아이를 양육하면서 외벌이 상태라면 남편/아내의 소득에서 작게라도 적립식펀드 통장을 만들고, 향후 맞벌이를 하게 될 때부터 금액을 추가로 증액하여 적립하는 것이 좋습니다. 대출이 있어도 소득 중 일부는 반드시 저축을 해야 합니다.

우리가 빚을 갚기 위해 사는 것은 아니잖아요? 불필요한 보험료 등 가계 지출 조정을 통해 조금씩이라도 대학자금 마련을 위한 저축을 시작하고, 자녀와 대화하면서 부모로서 적극적인 의지와 계획을 보여주어야 합니다. 반드시 작게라도 저축을 시작하고 향후 맞벌이가 가

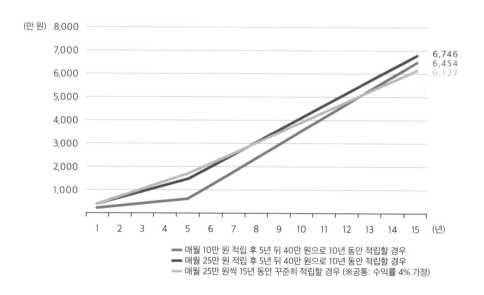

(만 원)

━━ 매월 10만 원 적립 후 5년 뒤 40만 원으로 10년 동안 적립할 경우
━━ 매월 25만 원 적립 후 5년 뒤 40만 원으로 10년 동안 적립할 경우
━━ 매월 25만 원씩 15년 동안 꾸준히 적립할 경우 (※공통: 수익률 4% 가정)

능해지거나 대출금 부담이 줄어들면 금액을 키워나가야 합니다.

무리한 학원비 때문에 빚을 내어 생활비를 감당하거나 대학자금을 전혀 준비하지 못한 부모의 재정적인 현실 속에 대학생들의 학자금 대출이 증가하고 있습니다. 사회에 내딛는 청년들의 첫걸음이 학자금 대출로 무거운 현실입니다. 빛과 소금이 되어야 할 자녀들이 세상에 나갈 때 빚으로 시작하지 않도록 대학자금은 준비해 두어야 합니다.

'알뜰하게 돈을 모은다'라는 뜻의 영어 단어인 '세이브(Save)'는 '구하다'라는 뜻도 있습니다. '준비된 미래'로 아이들의 꿈을 지켜주면 좋겠습니다.

자녀 혼사,
결혼자금총액제로

전셋값 폭등에 전세 물건 품귀 현상까지! 요즘 결혼을 준비하는 커플들의 경제적인 부담과 스트레스가 상당합니다. 상황이 이렇다보니 결혼을 앞둔 본인은 물론 양가 집안 어른까지 돈에 대한 고민과 갈등으로 어려움을 겪는 경우가 많습니다. '남자는 집, 여자는 혼수'라는 통념에서 벗어나 혼수비를 아껴 전세금에 보태는 여성도 많아지고 있지만, 적극적인 의미에서 '결혼자금총액제'가 필요하다고 봅니다.

1. 예비부부가 총 자금을 산정해 주체적으로 집행하기

자신들이 가지고 있는 돈을 모두 공개하고 결혼하는 데 드는 전체 비용을 산정해 그 안에서 함께 해결하는 방법이 '결혼자금총액제'입니다. 많은 사람이 남자가 반, 여자가 반을 부담해야 한다고 생각하는 경향이 있는데, 꼭 그럴 필요는 없습니다. 서로의 경제적 현실을 바탕으로 남녀가 각자 보탤 수 있는 돈 안에서 사용처를 정하고 조율해야 합니다. 만약 부모가 자금이 여유가 있어 결혼자금을 보태줄 수 있다면, 그 돈을 총액에 합해 합리적으로 결혼을 준비하는 것이 좋습니다.

2. '현금 왕래'하지 말고, 총액에 포함시키기

요즘은 예단은 생략하고 현금으로 '왕래'하는 사례도 많지만, 이 금액 역시 '총액'에 포함시켜 자녀가 총액 관리를 하는 것이 좋습니다. 그러면 서로의 기대치에 맞지 않아 서운할 일도 없고, 현금을 왕래하면서 '돌아오는' 금액 얼마에 섭섭할 일도 없습니다. 결혼자금총액제는 우선순위를 가려 절약할 수 있게도 하지만, 준비 과정에서 예비부부가 단합하여 주체적으로 준비해나가는 것에 의미가 있습니다. 돈은 보이지 않는 문제를 끄집어내는 자석과도 같습니다. 연애할 때는 둘 사이에 별 문제가 없어도 결혼 준비를 하는 과정에서 불만이 터져 다투게 되는 일이 많습니다. 이런 면에서 결혼자금총액제는 재정적인 기준을 마련하여 결혼을 준비하는 데 발생할 수 있는 불필요한 갈등을 예방할 수 있게 도와줍니다.

3. 총액을 8대 1대 1로 나누기

절대적인 기준은 없지만, 전체 총액을 '10'이라고 하고 추천안을 제시하면 다음과 같습니다. 첫째, 요즘 가장 부담이 큰 전세금(주거비)을

'8'로 합니다. 그 외 부족한 금액은 무리하지 않는 선(보증금 50%, 최대 8천 이내)에서 전세대출을 활용하도록 합니다. 둘째, 신혼여행을 포함한 결혼식 비용은 '1' 정도로 합니다. 호텔에서 결혼을 하는 경우가 아니라면 결혼식 비용은 크지 않습니다. 하객 수에 따라 부담이 될 수 있는 식대는 하객 축의금에서 어느 정도 충당이 가능할 것입니다. 셋째, 나머지 '1' 정도는 혼수와 신혼집 인테리어 비용으로 사용합니다. 총액을 기준으로 예산별 항목을 나눠 분배한 뒤 전셋집 잔금을 치르고, 시기에 맞춰 혼수, 예물, 살림살이 등을 마련하면 됩니다.

결혼자금총액제로 자녀의 결혼식이 원만하게 잘 치러지고 행복한 결혼 문화로 정착하기 위해서는 혼주(婚主)인 부모 세대의 인식 변화가 절실합니다. 체면 문화에서 벗어나 합리적인 비용 지출로 자녀들이 건강한 가정경제를 꾸릴 수 있도록 격려해주시면 좋겠습니다.

본격적으로 결혼을 준비할 때 그제야 자녀와 대화를 나누기보다 평소에 결혼 계획과 준비 상황을 미리 확인해보는 것도 필요합니다. 자녀가 주도적으로 결혼자금을 준비하는 태도를 갖게 하되, 부모가 여력이 된다면 어느 정도 도와줄 수 있는지 미리 알려주십시오. 그래야 부모와 자녀 간에 막연한 기대감이나 불안감으로 인한 불필요한 갈등을 겪지 않을 것입니다.

가정자원을 재구성할 합가의 조건

'리터루족'이라는 말을 들어보셨나요? 결혼을 하면서 세대를 분리하여 독립하였다가 경제적인 어려움 때문에 다시 부모와 함께 사는 사람들을 일컫는 신조어입니다. 리터루족은 '돌아가다'라는 의미인 '리턴(return)'과 '캥거루족'을 합성한 말입니다. 최근 전세난과 높은 주택가격, 자녀양육비 문제로 부모 집에 다시 합가하는 경우가 많아졌습니다. 하지만 합가를 한다고 해서 비용을 줄이거나 돈을 더 많이 모을 수 있는 것은 아닙니다. 오히려 합가를 하면서 가족 간에 생기는 불편함으로 갈등이 심화되는 경우도 많습니다.

각자의 아파트에 살고 있다가 살림을 합치면 관리비 정도는 절약할 수 있습니다. 무엇보다 지출이 많아지는 항목은 '식비'인데, 부모님은 합가한 자녀 가정을 위해 음식에 더 신경을 쓰게 되고, 자녀는 그런 부모님에게 미안한 마음이 들어 외식비를 더 쓰게 되는 경우가 많습니다. 이런 생활을 반복하면 관리비로 절약한 돈을 식비에 다 써버리는 꼴이 되는 것이죠. 그 외에도 지출이 늘어나는 항목이 생기고, 아낄 수 있는 것도 아껴지지 않는 추가 비용이 발생할 수 있습니다.

하지만 절약할 수 있는 부분도 있습니다. 예를 들어 전세대출 1억 원을 받아 살고 있다고 가정한다면, 한 달 대출 이자만 25만 원, 1년이면 3백만 원이 나갑니다. 50만 원짜리 월세에 살고 있다고 가정한다면, 1년에 6백만 원, 5년이면 3천만 원이 나가죠. 부모님 댁에서 합가를 한다면 써보지도 못하고 없어진 이 돈들을 절약할 수 있습니다. 반대로 부모님께서 자녀의 집으로 들어가시는 경우도 있습니다. 어느 경우든 기존 전세보증금 등의 여유자금을 통해 금융자산을 확보할 수 있을 것입니다.

이미 합가를 해서 살고 계신 분들이나 합가를 계획하시는 분들에게 지출 항목을 줄이기보다 '세이브 통장'을 만들라고 권하고 싶습니다. 상담을 해보면 합가하고 3년, 5년이 지났는데, 경제적으로 아무 도움이 되지 않았다는 사례가 많습니다. 합가를 통해 돈을 모으는 것이 목표라면, 어떤 항목에서 얼마를 절약할 수 있는지 꼼꼼하게 체크해보아야 합니다. 예를 들어 아파트 관리비 20만 원을 절약할 수 있다면 그 돈은 무조건 저금을 해야 합니다. 20만 원씩 4년이면 1천만 원을 모을 수 있습니다. 결코 작은 돈이 아니죠. '세이브 통장'은 나 자신이나 부부, 부모님의 노후를 준비할 수 있는 '좋은 통장'이 될 수 있습니다.

중요한 것은 합가를 앞두고 가족이 함께 '재무 계획과 목표'를 미리 의논해야 한다는 것입니다. '가정경제의 주거 환경, 인적자원, 시간자원 등을 재구성하는 매우 중요한 단계'를 대충 넘기지 말고, 분명한 목표와 실천 방법을 모색하는 것이 바람직합니다. 그래야 아끼고 돈 모으는 재미를 가족이 함께 공유할 수 있습니다. 가족이 돈의 방향을 주도하면, 갈등이 생겨도 원만하게 풀어갈 지혜가 생기고, 그로 인해 만족감도 높아질 것입니다.

무엇보다 유념해야 할 점은 '돈이 섞이면 안 된다'는 것입니다. 만약 부모님께 아이를 맡겼다면 '양육비'와 '생활비'를 따로 구분해서 드려야 합니다. 한 달 용돈을 드리면서 양육비와 생활비를 슬쩍 포함시킨다거나, 부모님이 워낙 손주를 사랑해 돌봐주기로 한 것이니 따로 양육비를 드리지 않는다거나 하는 행위는 하지 말아야 합니다. 양육비는 통상적인 수준에서 드리면 될 것입니다. 금액이 많고 적음이 문제가 아닙니다. 가족이라도 지켜야 할 것은 지켜야 합니다. 또한 돈을 아무리 자주, 많이 드려도 용도가 확실하지 않으면 티가 나지 않는 경우가 있으니 유의해야 합니다.

그리고 정말 부모님에게 필요한 노후자금, 연금이나 의료실비보험을 도와드리는 '용도자금'으로 저축하는 모습을 보여드리는 것이 좋습니다. 지출 항목을 좀 줄여 30만 원씩이라도 저축하면, 5년 동안 1천 8백만 원을 모을 수 있습니다. 특히 다른 형제자매에게도 합가를 통해 실질적으로 부모님께 어떤 부분에서 도움을 드리고 있는지 알리고, 공유하십시오.

그리고 생활 가운데 생기는 갈등을 풀어갈 '생활 기준과 원칙'을 세워야 합니다. 식사를 언제 어떻게 준비할 것인지, 언제 같이 먹고, 따로 먹을 것인지, 청소나 빨래는 누가 언제 담당해서 할 것인지 등 세세한 부분들에 기준과 원칙이 필요합니다. 무작정 자녀 가정이 부모에게 기대서도 안 되고, 부모가 자녀 가정에 짐으로 여겨지는 일이 없도록 신경을 써야 합니다. 제가 상담을 했던 한 가정은 합가한 지 3년이 되었는데, 미리 이런 기준과 규칙을 정하고, 서로 생활방식이 다르다는 것을 인정해 매우 잘 살고 있습니다.

콕 집어 언제 합가를 하는 것이 적당한지 묻는 분들도 계십니다. 아무래도 부부가 맞벌이를 할 때가 제일 절실하지 않을까요? 실제 상담 사례를 보면, 합가를 고려하는 이유가 돈을 아끼기 위해서라기보다, 자녀를 부모님께 맡기고 일을 나가야 하기 때문인 경우가 많습니다. 보통 결혼하고 2~3년 정도에 아기가 생긴다고 하면, 출산휴직(최고 3개월~1년) 기간이 끝나는 시기, 즉 맞벌이를 다시 시작하게 되는 시점이 가장 적당해 보입니다.

그런데 자녀가 둘이 생기면 맞벌이를 하는 것이 생각보다 쉽지 않습니다. 요즘에는 둘째를 낳고 쉬면서 자신이 좋아하는 일에 집중하거나 전문성을 키워가려는 노력을 하는 사람이 많지만, 합가를 해야 한다면 자녀가 초등학교 저학년이 될 때라든지, 3년이면 3년, 5년이면 5년 정확하게 시기를 정하는 것이 바람직합니다. 이런 경우는 '기간제 합가'가 되겠죠.

경제적인 어려움 때문에 다시 부모와 함께 살아야 하는 '리턴'의 상황이 생겼다면 가정이 갖고 있는 다양한 자원을 잘 활용하되 합가에서 발생할 수 있는 가족 간에 생기는 갈등을 잘 극복하기 위한 원칙을 세우시길 바랍니다. 독립해서 나갈 수 있도록 시기를 미리 정하시고 건강하게 유턴(U-turn)하도록 세이브통장을 잘 키워 나가시길 바랍니다.

04

긴 노후를
재구성하라

불확실성의 시대, 현금 흐름이 답이다

　　　　　　　　　금융위기 직전인 2007년 즈음, 노후자금 15억 원을 준비하려면 지금부터 얼마씩 준비해야 한다며 '개인연금 마케팅'이 유행했습니다. 그로부터 10년이 지난 현재, 개인연금 유지율은 어느 정도일까요? 딱 51%입니다. 절반이 도중에 해약했다는 이야기입니다. 10년도 유지하지 못한 개인연금, 무엇이 문제였을까요?

　무리한 주택 구매로 대출 원금을 갚느라 해약했을 수도 있고, 고학년 자녀의 학원비가 부담이 되어 해약했을 수도 있습니다. 예상한 만큼 수익이 나지 않아 해약하고 차를 구매했을 수도 있고, 다니던 직장을 그만두고 돈이 필요해 해약했을 수도 있습니다.

　안타까운 것은 그 피해가 고스란히 해약자의 몫으로 돌아갔다는 것입니다. 10년 가까이 불입하다가 해약했다면 이자는 날리고 본전만 겨우 찾았을 테고, 3년이 되었다면 해약할 때 보험사에서 또 떼어 가

30% 이상 손해를 봤을 것입니다. 어찌 보면, 무리한 연금가입을 종용한 보험 설계사의 책임이기도 합니다. 부부와 둘러앉아 훈훈한 분위기에서 합리적으로 재무 상담과 설계를 했지만 계약 후 관리를 제대로 못했을 수도 있고, 고객과 가정이 겪을 불확실성의 위험을 충분히 반영하지 못했을 수도 있습니다.

사람의 생사화복을 미리 알 길은 없지만, 보편적인 위험 요인을 예측하는 것은 가능합니다. 그런데 요즘 유행하고 있는 보험 리모델링이나 상품 판매 중심의 재무 설계 방식은 이러한 위험을 놓치는 경우가 종종 있습니다. 최근 TV나 신문에 가끔 소개되는 '맞춤 재무 설계' 사례를 보면 현재 소득과 주거생활비, 교육비는 얼마인데, 변경 후에 보험료와 저축을 어떻게 바꿔야 한다는 식입니다. 현재 남은 잉여자금을 갖고 금융상품 포트폴리오를 설계하는 것이 주요 화두입니다.

문제는 거기에 '돈' 이야기는 있으나 정작 '사람' 이야기는 없다는 것입니다. 물론 분량이나 지면의 제한 때문일 수도 있지만, 그들이 어떤 삶의 비전을 가졌는지, 소득이 줄어드는 상황을 대비해서 어떤 대안이 필요한지 등 '사람'에 대한 고민이 없습니다. 집을 사고 싶어 하는 사람에게 종잣돈을 마련하는 방법이나 대출 전략은 가르쳐주지만, 그 가정에 언제 집이 필요한지, 10년 이상 대출금을 상환할 때 어떤 재무 위험이 생길지 구체적으로 보여주는 경우는 흔치 않습니다. 현재 월수입과 지출을 바탕으로 변경 전과 변경 후만 짚을 것이 아니라, 현재와 미래의 상황을 가정하는 중·장기 현금 흐름을 분석하는 것이 필요합니다. 현금 흐름은 현재가 아니라 미래가 더욱 중요하기 때문입니다.

기업에서도 경영 분석을 할 때 '현금 흐름 분석'이 필수입니다. 기업의 예상 매출과 손익 분석, 투자 계획을 바탕으로 부채의 상황 가능성을 평가하는 일련의 가정이죠. 가정경제도 기업과 마찬가지로 미래의 현금 흐름 분석이 필수입니다.

월간 중·장기 현금 흐름 방식 비교

월간 현금 흐름 방식	비교 항목	중·장기 현금 흐름 방식
월간 수입과 지출	분석 대상	생애주기(연도별) 수입과 지출 추이
목적자금 설계	결과 도출 포인트	재무 목표 수정
저축 가능한 잉여자금 (수입에서 지출 제외)	주요 활용 자원	삶의 비전, 돈에 대한 대한 가치관(교육비 등)
현재 저축 여력이 없을 경우 불안감	단점	부정적인 미래 예측에 대한 좌절
지출 관리에 대한 경각심 고취	장점	미래 삶의 계획과 비전에 대한 화두 제시
가계부	주요 관리 방식	연간 순자산

재무 설계 업계에서 중·장기적인 현금 흐름 분석을 꺼리는 것은 2가지 이유 때문입니다. '미래의 현금 흐름을 예측하는 것은 의미가 없다'라고 생각하거나, 실상 그렇게 예측하고 보여주는 것이 '설계를 통한 상품 가입에 도움이 되지 않는다'라고 생각하기 때문이죠. 물론 보유 자산의 수익률을 가정해서 미래의 자산 상황을 가정한다는 것은 큰 의미가 없습니다.

다만 눈여겨봐야 할 것은 해당 연도별 수입과 지출의 균형입니다. 연간 총수입에서 연간 총지출을 빼면 연간 수지가 나타나는데, 이 수치는 미래 예상(기대)하는 소득과 생활비, 자녀교육비, 주택담보대출의 상환액 등 수치로 표현할 수 있는 경제적인 수준입니다.

흔히 익숙한 월간 수지 분석은 현재 남은 돈(잉여 자금)을 가지고 자녀의 대학자금, 노후자금 등 보편적인 목적자금을 설계하는 방식이지만 중·장기 현금 흐름 분석은 경제적인 소득 외에도 가족 구성원이 가진 돈에 대한 태도와 습관, 비전 등 내적인 자원을 바탕으로 미래 삶을 계획하고 다양한 삶의 위험 요소를 대비하는 생애 설계 방식입니다.

다음 '중·장기 현금 흐름 분석하기 예시'를 보고, 직접 나의(가정의) '중·장기 현금 흐름 예측하기' 표를 만들어보세요.

중·장기 현금 흐름 분석하기 예시

연도	나이				연간 수입					비용					연간수지	현금보유액
	남편	아내	첫째	둘째	남편	아내	남편국민연금	아내국민연금	기타	생활비	첫째교육비	둘째교육비	내출상환	보장보험		1.5%
2018	55	48	19	15	4,549	1,560				3,883	1,111	625		577	(87)	997
2019	56	49	20	16	4,672	1,602				3,988	702	656		577	351	1,365
2020	57	50	21	17	4,798	1,645				4,096	730	1,225		577	(184)	1,201
2021	58	51	22	18	4,928	1,690				4,206	759	1,286		577	(211)	1,006
2022	59	52	23	19	5,061	1,735				4,320	790	1,351		577	(241)	779
2023	60	53	24	20	5,198	1,782				4,437		821		577	1,145	1,944
2024	61	54	25	21	2,669	1,830				4,556		854		577	(1,488)	474
2025	62	55	26	22	2,741	1,880				4,679		888		577	(1,523)	(1,053)
2026	63	56	27	23	2,815	현재 가치 월 123만 원				4,806		924		577	(3,491)	(4,586)
2027	64	57	28	24	2,891	868				3,304	활동적 노년기 생활비 월 2백만 원			413	42	(4,613)
2028	65	58	29	25	2,969	878	현재 가치 월 30만 원			3,393				424	30	(4,652)
2029	66	59	30	26	3,049	888	212			3,485				436	229	(4,491)
2030	67	60	31	27	3,132	899	214			3,579				447	218	(4,339)
2031	68	61	32	28	3,216	909	216			3,676				459	207	(4,195)
2032	69	62	33	29		920	219		주택연금	3,775				472	(3,108)	(7,390)
2033	70	63	34	30		930	222		3억 원 기준	3,877				485	(3,210)	(10,734)
2034	71	64	35	31		941	224		1,577	3,982				498	(1,737)	(12,645)
2035	72	65	36	32		952	227		1,577	4,089				511	(1,845)	(14,693)
2036	73	66	37	33		963	229		1,577	4,199				525	(1,955)	(16,884)

※ 표 안의 금액을 표시한 숫자는 미래물가상승을 고려한 연간 총 합계 금액임(단위: 만 원)

중·장기 현금 흐름 예측하기

연도	나이				연간 수입					비용					연간 수지	현금 보유액
	남편	아내	첫째	둘째	남편	아내	남편 국민 연금	아내 국민 연금	기타	생활비	첫째 교육비	둘째 교육비	대출 상환	보장 보험		

※ 미래물가상승을 계산하지 않고, 현재가치의 금액으로 추정하여 연간총액을 계산해 기입해 봅니다.

집을 구매하거나 이직, 퇴사 등 재무적 결정에 따른 미래 현금 흐름의 변화 추이를 예상해봅시다. 긴 안목으로 재무 목표의 우선순위와 완급을 조정하고 분별할 수 있을 것입니다. 신혼부부라면 당분간 전세대출금을 갚는 것에 집중하면서 출산 후 맞벌이가 가능할 때 저축을 시작할 수 있습니다. 노후 준비는 빨리할수록 좋다는 말에 변액연금을 무리하게 가입했다가 2년 뒤에 전세가 만기되었을 때 보증금이 부족해 해약하는 흔한 경우도 방지할 수 있습니다.

중년 세대는 남편/아내의 갑작스러운 조기퇴직이나 임금피크제에 대비하여 가정경제 활동을 계획하도록 제안합니다. 갑자기 소득이 줄어도 소비는 쉽게 줄이지 못하기 때문에 중·장기 현금 흐름 분석을 통해 적자로 돌아설 위험에 대비할 수 있습니다. 현재 이미 검소하게 사는 가정은 국민연금, 주택연금 등 공적연금을 통해 기본적인 생활비를 해결하는 안정적인 노후를 그려볼 수 있습니다.

인생을 길게 볼 때 '누가 얼마만큼 오랫동안 현금 흐름을 만드느냐'가 중요합니다. 지출을 관리하고 기회비용을 잃지 않도록 재무 목표를 잘 잡고 합리적인 투자로 인생의 다양한 목표를 준비한다면, 분명 희망은 있습니다. 보험상품에 가입한다고 해서 가정경제가 더 나아지는 것도 아니고, 연금상품에 가입한다고 해서 노후가 해결되는 것도 아닙니다. 불확실성의 시대, 현금 흐름이 답입니다.

부모님 용돈이 아닌
'용도자금' 준비가 먼저다

　　　　　　　나의 미래가 궁금하다면, 부모님의 노후를 들여다보십시오. 삶의 자리가 다르고, 사는 방식이 다를지라도 부모님의 현재가 코앞에 닥친 나의 미래라는 사실을 알아야 합니다. 부모님의 노후를 보살펴드리며 곧 닥칠 나의 노후를 준비하는 기반으로 삼는다면, 큰 도움이 될 것입니다. 자녀들에게도 산교육이 되지 않을까요?

　"부모님께 매달 돈을 드리는데, 그건 용돈인가요, 생활비인가요?"

　요즘 자주 하는 질문입니다. 용돈을 드리면서도 구체적인 '용도'를 모르는 경우가 많습니다. 부모님께서 현재 소득이 없다면 생활비로 쓰시겠지만, 근로나 임대 소득이 있다면 용돈 정도로 쓰실 겁니다. 부모님의 노후를 길게 봐야 하고, 자녀의 양육과 결혼 등으로 인해 '쓸 돈'은 줄고 있는 상황에서 용도를 정해 부모님을 제대로 돕는 것이 중요합니다.

따라서 가족 간의 재무 대화를 통해 부모님께 실질적으로 도움이 되는 재정 설계를 해야 합니다. 용돈은 일상생활에서 쓰일 돈이지만 '용도자금'은 미래 부모님이 겪으실 생활의 어려움이나 위험을 대비해 자녀들이 돈을 모아 준비하는 것을 말합니다. 오늘날 평균 수명이 82세라지만, 현재 60세 여성의 평균 기대 수명은 88세입니다. 오래 사시는 것이 축복이 되도록 자녀들도 현명하게 준비해야 합니다.

부모님을 위한 용도자금에서 가장 염두에 둘 것은 '노후의료비'입니다. 예기치 못하게 부모님이 중병에 걸리실 경우 막대한 의료비가 들어 자녀 가정이 큰 부담을 지는 일이 많습니다. 비교적 건강하시다면 실손의료보험을 준비하는 것이 좋습니다.

국민의료보험공단에 따르면, 65세 이후 의료비가 이전보다 4.4배나 많이 든다고 합니다. 따라서 그에 대한 대비책으로 의료비가 실비로 보장되는 실손보험을 우선 준비해드리는 것이 어떨까요? 실손보험은 피보험자가 부담한 의료비의 일부를 돌려받는 보험입니다. 65세 이하의 경우 입원의료비 5천만 원 한도 안에서 보상받을 수 있습니다. 노후실손의료보험의 경우 75세 이하까지 가입이 가능합니다(일부 회사는 80세까지 가입). 노후실손의료보험은 일반 실손보험에 비해 자기부담금(공제 금액)이 높아 보험료가 저렴합니다. 50대는 2만 원대, 60대는 3만 원대, 70대는 4만 원 전후로 생각보다 저렴하죠. 이는 1년마다 갱신되는 상품으로, 나이가 들수록 보험료가 인상되지만, 형제자매와 함께 '용도자금'으로 비용을 분담하면 부담이 크지 않을 수 있습니다.

고혈압, 퇴행성관절염 등 지병이 있거나 약을 복용 중이라도 가입이 가능합니다. 묻고 따지지 않고 가입하는 사망보험보다 여러 회사에 '묻고 따져서' 제대로 된 상품에 가입하는 것이 좋습니다.

"결혼하고 나니 지방에 계신 엄마가 너무 걱정되네요. 엄마의 노후를 위해 제가 할 수 있는 일이 없을까요?"

회사원 김지현 씨는 혼자 계신 어머니가 너무 걱정된다고 했습니다. 저는 그녀에게 어머니 이름으로 국민연금에 가입할 것을 제안했습니다. 그래서 매달 12만 원씩 붓고 있죠. 김지현 씨가 당시 55세였던 어머니의 월 보험료를 12만 원씩 10년간 납부하면 어머니는 65세부터 매달 18만 5,000원씩 지급받을 수 있습니다. 매년 물가상승률을 감안하여 금액을 올려주면 어머님이 돌아가실 때까지 지급이 되고요. 국민연금은 부모님의 노후를 준비하는 좋은 방법 중 하나입니다.

김지현 씨처럼 어머니를 위해 자발적으로 국민연금에 가입하는 것을 '임의 가입'이라고 합니다. 직장생활을 하거나 소득이 있어서 가입하는 의무 가입자가 아닌 경우가 이에 해당합니다. 부모님의 연세가 만 60세가 되기 전까지 가입이 가능합니다. 만약 부모님이 국민연금에 가입한 적이 전혀 없다면 가입한 시점부터 10년 동안 빠짐없이 납부해야 합니다.

최소 월 89,100원으로 가입하면 12년 뒤 생일 달부터 약 20만 원씩 평생 받을 수 있습니다. 연금은 납입 기간이 길수록, 보험료가 많을수록 나중에 받을 연금액이 올라갑니다. 국민연금은 물가가 오르면 오른 만큼 더 받고 평생 받을 수 있으며, 국가가 지급을 보장한다는 장점이 있습니다. 소득이 적고, 의무로 납입하고 연금을 받을 수 있는 기간이 짧은 부모님은 안정적으로 연금을 받으실 수 있기에 눈여겨보는 것이 좋습니다.

자녀들이 적극 나서서 국민연금 콜센터에 전화하면, 부모님을 통해 본인 확인을 하고, 자녀들이 문의해볼 수 있습니다. 부모님이 국민연금을 내신 적이 있는지, 밀린 보험료가 있는지 확인해보세요. 혹시 중간에 사정이 어려워 밀린 금액이 있다면 한꺼번에 내는 것이 부담되겠죠? 그럴 때는 매달 나오는 보험료부터라도 차근차근 내고, 자녀들이 종잣돈을 모아 몇 회에 나누어 불입해도 됩니다.

고용 불안, 자녀교육비 증가 등 경제 현실이 참으로 어려워 고민이 깊을 수밖에 없습니다. 부모님의 사정, 용돈의 형태, 금액을 조정할 필요가 있을 때는 부모님께 지혜롭게 말씀드리세요. 현재 상황을 잘 말씀드리고, 자녀로서 진솔한 마음과 미래 용도자금에 대한 목표를 충분히 설명해야 합니다.

노후를 돈으로만 준비할 수 있는 것은 아닙니다. 적게라도 부모님의 노후를 위해 용도자금을 저축하는 자녀의 지혜로운 모습은 능동적으로 인생을 설계하는 부모님에게 건강한 동기가 될 수 있습니다. 부모 역시 당장의 용돈에 기대기보다 경제적으로나 정서적으로 행복할 수 있는 노후의 청사진을 그려보는 것이 중요합니다. 미래의 귀중한 용도를 위해 가족 간 역할을 지혜롭게 나누는 대화의 시간을 마련하여 좋은 방법을 찾아보도록 합시다.

유병자보험, 묻고 따져서라도
실손의료비를 챙기자

"고혈압 약을 먹고 있는데, 요즘 광고하는
간편 심사 보험은 어떤가요?"

요즘 '유병자보험'이 보험 업계에 화두입니다. 웬만한 사람은 이미
실손보험에 가입했고, 암보험도 두어 개 쯤은 있다보니, 이제 보험사
들이 '유병자'에 눈을 돌리고 있는 것이죠. 보험에 가입하고 싶어도
질병 때문에 가입하지 못했던 사람들을 겨냥한 상품이 경쟁적으로 나
오기 시작했고, 가입 방법도 비교적 간편해졌습니다. 이것저것 서류
를 뗄 필요 없이 전화로 간편 심사를 해주기도 합니다.

간편 심사 상품은 보통 '3, 2, 5'를 묻습니다. 이 숫자들은 기간을 의
미하는데, 3개월 이내에 의사의 재검사/진단 소견이 없고, 2년 이내에
입원이나 수술을 한 적이 없으며, 5년 이내에 암 진단이나 암으로 인
한 수술 혹은 입원을 한 적이 없는 경우입니다. 여기에 해당하면 가입

을 받아주지만, 정작 가장 중요한 실손의료비가 안 되는 단점이 있습니다. 보통 암, 뇌출혈(뇌경색 제외), 급성심근경색 진단금은 1천만 원 정도인데, 진단금이 크지 않고 계약 기간도 10~15년으로, 갱신형인 것에 비하면 보장 금액에 비해 큰 혜택이 없습니다.

질병명	실손의료비(상해, 질병)	가입 조건
고혈압	가입(검토) 가능 *노후실손의료보험으로 추천 (일부 손해보험사)	- 30~65세에 해당한다. - 치료 시작 후 최소 1년 이상 정기적으로 통원 혹은 약 복용 중이다. - 고지혈증 외 동반 질환, 합병증이 없다. - 최근 6개월 내 평균 혈압 수치(140/90)가 양호하다. - 유병 기간이 10년 이내다.
당뇨	가입(검토) 가능	- 유병 기간이 10년 이내다. - 제2형 당뇨다(제1형 당뇨는 거절). - 인슐린 의존성이 아니며 합병증이 없다. - 현재 다른 질병(고혈압, 고지혈증 등)이 없다. *공복혈당 수치 130 전후, 당화혈색소 수치 8.0 이하다.
통풍	가입(검토) 가능	- 무증상 고(高)요산혈증이다. - 급성통풍이며 단일관절 1회성 증상이다(만성, 이차성 통풍은 실손 인수 어려움). - 최종 발작을 한 지 1년이 지났고, 요산 수치가 7.0 이하로 조절되고 있다. - 합병증 및 동반 질환이 없다.
추간판 탈출증 (디스크)	질병만 검토 가능 (척추는 보상 제외)	*수술 치료 종결 후 가입 가능 - 무증상 1년 이내(실손 통원 할증 부담보) - 무증상 1년 경과(후유 장애 거절), 질병 입원, 통원 의료비에 대해 보험료를 할증하여 높게 책정
B형간염	가입(검토) 가능	- 비활동성인 경우 *간염 치료 이력이 있는 경우(급성간염 치료 종결 후 6개월 경과, 현재 간 수치 정상 유지 시)

유병자를 대상으로 한 '간편 심사' 전용 상품의 단점을 극복하기 위해 일반 보험상품을 '할증플랜'으로 가입할 수 있습니다. '할증'은 보험을 가입하는 사람의 질병 상태에 따라 일반인에 비해 보험료를 올려 받는 형태입니다. 예를 들어 고혈압으로 약을 먹고 있는 사람이라면 일반인(혈압이 정상인)에 비해 80% 정도 할증된 보험료를 내는 것이죠. 치료내용을 상세히 기록한 소견서, 의무기록지 등을 챙겨야 하는 불편함은 있지만, 종합보험 형태로 실손의료비를 포함하거나 성인병 진단비 보장액을 높일 수 있으며, 비갱신형으로 설정이 가능합니다.

하지만 이 역시 단점이 있습니다. 이런 할증플랜상품에는 보통 질병사망, 입원일당 담보가 필수적으로 들어가야 해서 보험료가 꽤 부담이 됩니다. 고혈압이 있는 50대 중반의 남성이 가입하려면 실손의료비에 암 진단금 1천만 원 정도로만 해도 보험료가 10만 원이 훌쩍 넘습니다. 여러 곳에 심사를 받아보더라도 할증률이 낮은 회사, 질병사망 및 입원일당(보험료가 상대적으로 비싼 담보)을 최소화할 수 있거나 질병사망의 만기를 10년으로 최소한 짧게 설정할 수 있는 회사를 선택하여 보험료 부담을 줄이는 것이 중요합니다.

가장 저렴하게 검토해볼 수 있는 것은 '실손의료비보험'을 '단독형'으로 추진하는 것입니다. 고혈압이 있는 55세 남성의 경우 '단독형 노후실손보험'으로 가입한다면 할증이 되더라도 5만 원 전후로 가능합니다. 입원 시 1억 원, 통원 시 1백만 원까지(자기부담금 30% 내외 공제

후) 의료비를 보상하는 노후실손보험은 50세 이상부터 가입이 가능합니다. 고혈압이 있어도 최소 1년 이상 정기적으로 통원, 약 복용 중이라면 가입을 신청해볼 수 있습니다(일부 특정 손해보험회사). 다만, 고혈압 관련 후유증이나 합병증이 없어야 합니다. 보통 고혈압과 고지혈증이 함께 있는 경우가 많은데, 고지혈증은 고혈압에 대한 합병증으로 보지 않습니다. 최근 6개월 내 평균 혈압 수치가 양호(140/90)할 경우 노후실손보험을 통해 심사를 받아보는 것이 가장 좋습니다.

그밖에 보험 가입이 가능한지 자주 문의하는 질병이 당뇨, 통풍, 추간판탈출증(디스크), B형간염 등입니다. 당뇨는 발병한 지 10년 이내로 인슐린 투여 없이 꾸준히 혈당 관리가 되고 합병증이 없다면 일부 손해보험사에서 '종합보험 할증' 형태로 실손의료비 가입이 가능합니다. 하지만 보험료가 60세 기준 15만 원에 달해 추천하고 싶지 않습니다. 차라리 저축을 하는 편이 낫습니다. 통풍이나 B형간염은 만성이 아닌 급성으로 현재 치료를 받고 있지 않다면 실손의료비 가입 심사가 가능합니다. 추간판탈출증은 수술 후 1년이 경과하여 증상이 없다면 상해를 제외한 질병에 대해 척추를 부담보(보상하지 않음)하여 실손의료비 가입이 가능합니다.

본인이 치료받았던 병원 기록을 챙겨보고, 자녀의 도움을 받거나 전문가를 통해 여러 보험사에 비교 심사를 해보면 최소한 실손의료비라도 가능한 보험이 있을 수 있으니 보험 설계사에게 적극 알아보는 노력(?)도 필요합니다. 조심스러운 표현이지만, 병원 서류 챙기는 불편함이 혹시 모를 큰 병으로 병원에 가족들 모여 걱정하는 '불행함'보다 낫겠죠. 생각보다 긴 노후 의료비에 대해 막연히 염려하지는 말되, 최대한 묻고 따지며 대비하시기 바랍니다.

건강보험 확대에도 필요한
노후실손의료보험

　　　　　　　　최근 문재인 정부가 '건강보험 보장성 강화 정책'을 발표했습니다. 미용 성형을 제외한 의학적 치료 행위에 대해서는 비급여를 없애고 모두 급여 항목으로 변경하여 자기부담금을 낮춰주겠다는 것입니다. 아울러 중증치매 환자는 건강보험 의료비의 10%만 부담하면 됩니다. '치매 국가책임제'의 하나로 중증치매 환자의 치료비 부담을 대폭 낮추기로 했기 때문입니다.

　일례로 83세 알츠하이머치매 환자가 뇌경색증, 편마비, 욕창궤양 3단계 등 합병증을 동반해 162일을 입원하면 총 진료비는 2천 9백 25만 원입니다. 이 중 자기부담금 1천 5백 59만 원에서 150만 원으로 90% 감소하죠. 치매 여부를 확인하기 위한 정밀 신경인지검사와 MRI 등의 고가 검사들을 건강보험 급여 항목으로 전환하면 치매를 예방하는 효과도 있으리라 기대됩니다.

고령자의 틀니는 2017년 11월부터 자기부담률이 50%에서 30%로 낮아졌고, 임플란트에 대한 자기부담금은 현재 60만 원 정도인데, 2018년 7월부터 35만 원 정도로 줄 예정입니다.

단, '무상의료'가 아니라는 점을 유념해야 합니다. 건강보험의 급여 대상 항목을 확대하더라도 급여 항목에 대해 건강보험에서 지급해주는 치료비 이외의 자기부담금은 여전히 개인이 부담하는 것이 현실입니다.

그런 면에서 민영보험은 공적인 건강보험제도를 보완할 수 있는 상품입니다. 2014년 8월부터 시행한 노후실손의료보험을 적극 활용할 만합니다. 노후실손의료보험은 기존에 판매되던 일반적인 '실손의료보험'과 다릅니다. 자기부담금이 많은 반면, 보험료가 30% 이상 저렴하기 때문이죠. 통원비는 1백만 원 한도에서 3만 원을 공제하고 입원비는 1억 원 한도 내에서 30만 원을 기본공제(자기부담)합니다. 기본공제한 금액에서 다시 급여 항목의 자기부담금은 20%를 공제하고, 비급여 항목의 자금부담금에 대해서는 30%를 공제합니다.

병원에 내실 병원비에서	
입원하셨으면 **'30만 원!'** 통원하셨으면 **'3만 원!'**	
이만큼을 **뺀** 병원비 중에(비급여 부분에서 먼저 빼요!)	
급여 부분	비급여 부분
80%를	70%를
보험금으로 드립니다.	

상해/질병 각각 연간 1억 원까지,
통원일 경우 한 번 가실 때 1백만 원까지 드립니다!

※ 요양병원 실손의료비와 상급 병실료 차액은 별도입니다.
출처: 노후실손의료보험 수첩(금융감독원)

√ 노후실손보험 취급 회사: 메리츠화재, 한화손보, 롯데손보, MG손보, 삼
　성화재, 현대해상, KB손보, 동부화재, 농협손해보험, 삼성생명
√ 가입 가능 나이: 만 50~75세(KB손해보험은 80세까지 가능)
√ 월 보험료 수준: 75세 기준, 3~5만 원 수준

　이를 종합하면 병원 치료비에 대해 본인이 부담한 총 의료비의 대
략 35% 이상 되는 금액을 노후실손의료보험에서 보장해준다고 보면
됩니다. 소소한 혜택을 받는 것이 목적이 아닌 큰 위험에 대비하는 것
이 보험의 취지인 만큼 자기부담금이 높더라도 노후실손의료보험을
가입하는 것이 좋습니다. 5년 이내 치료 내력이 있더라도 질병의 상
황에 맞게 할증률을 적용해 보험료가 인상되더라도 가입 가능 여부에

대해 심사를 받아보기 바랍니다. 당뇨나 심각한 질병이 아니라면 묻고 따져서 가입이 가능한 회사를 찾아보세요.

100세 만기로 매년 보험료가 상승하는 부담이 있지만, 일반적인 실손의료보험에 비하면 보험료는 상당히 저렴하며 갱신 폭도 작은 편입니다. 2018년 1월, H손해보험사의 70세 기준 보험료는 2만 4,000원, 80세는 3만 4,000원 수준입니다. 같은 보험사 기준으로 일반실손의료보험료가 70세 9만 원, 75세가 13만 원 수준에 육박하는 상황을 보면 갱신 폭이 훨씬 작다는 것을 알 수 있습니다.

일각에서는 건강보험 보장성 강화 정책을 두고 앞으로 실손의료보험이 필요하겠냐는 실효성 문제를 제기하지만, 건강보험에서 보장해주는 급여 항목이 많아지는 만큼 민영보험에서 지급할 몫이 적어지게 됩니다. 즉 실손보험의 지급률이 낮아지면서 보험료가 현실화되어 상대적으로 저렴해질 것입니다. 공적인 건강보험을 통해 보편적인 의료비 부담을 덜고, 민영보험을 통해 큰 위험의 일부를 부분 보장받는 구도로 노후의료비에 대한 대비가 필요합니다.

주택연금, 노후를 위한
재무 대화의 시작

'자식 걱정 말고, 주택연금으로 누리세요.'

이는 정부가 시행하는 주택연금의 홍보 문구입니다. 주택연금은 60세 이상의 고령자가 9억 원 이하의 소유 주택을 담보로 제공하고 금융기관에서 노후자금을 종신으로 매월 지급받는 제도입니다. 3억 원짜리 집을 갖고 있는 65세 은퇴자가 주택연금을 신청하면, 매월 75만 8,000원씩 평생 받을 수 있습니다.

주택연금 수령액 예시표

(종신 지급 방식: 정액형, 2017년 2월 1일 기준)　　　　　　　　　　　　　　　　(단위: 천 원)

연령	주택 가격								
	1억 원	2억 원	3억 원	4억 원	5억 원	6억 원	7억 원	8억 원	9억 원
50세	135	270	405	540	675	810	945	1,080	1,215
55세	156	312	468	625	781	937	1,093	1,250	1,406
60세	209	419	629	839	1,049	1,259	1,469	1,679	1,889
65세	252	505	758	1,010	1,263	1,516	1,768	2,021	2,274
70세	308	616	924	1,232	1,540	1,849	2,157	2,465	2,773
75세	381	762	1,143	1,524	1,905	2,286	2,667	3,033	3,033
80세	481	963	1,444	1,926	2,407	2,889	3,362	3,362	3,362

　　주택연금은 모기지론(주택담보대출)의 반대 구조입니다. 집을 갖고 있는 사람이 주택을 담보로 맡기고 매달 일정 금액을 연금 형식으로 받고 사후에 집을 처분해 대출금을 갚는 방식이죠. 모기지론은 집을 살 때, 역모기지론인 주택연금은 집을 담보로 생활비를 조달할 때 필요한 상품입니다.

　　주택연금은 이용자들이 살아 있는 동안 일정 금액을 계속 받을 수 있도록 정부가 보장하여 생활의 안정이 가능합니다. 또 대출받은 금액과 상관없이 담보로 맡긴 주택에서 평생을 살 수 있기 때문에 거주의 안정도 보장됩니다. 주택연금을 택한 고객들은 긴 노후의 위험이나 주택 가격의 하락에서도 벗어나 있습니다.

부부가 모두 사망해 계약이 끝나면 주택금융공사는 주택을 매각해 대출금을 회수합니다. 주택을 판 가격이 지급한 돈보다 많으면 남은 돈을 상속인에게 돌려주고요. 하지만 매도 가격이 지급한 것보다 적다고 차액을 요구하지는 않습니다. 주택연금이 갖고 있는 장점 중 하나는 연금 계산에 드는 대출 비용이 저렴하다는 것입니다. 주택연금은 대출 이자를 내지 않고, 사망 시 처분가치에서 차감하는 형태로 이자를 반영하고 있는데, 코픽스(KOFIX)금리에 가산금리(0.85%)를 더한 수준이라 양호합니다. 결국 적은 이자로 사후에 집에 대한 자산 가치를 그만큼 인정받을 수 있다는 것입니다.

최근 일반 시중은행 담보대출의 가산금리가 높아지고 있는 상황을 감안하면, 상대적으로 유리하죠. 더구나 연금을 지급하는 기준에 있어서도 사적인 연금보험보다 유리한 점이 있습니다. 일반 보험사는 연금지급액을 계산할 때 기대수명을 지나치게 길게 설정(최대 110세)하는 반면, 주택연금은 통계청의 기대여명(60세 기준으로 남성은 84세, 여성은 88세)을 기준으로 합니다.

보통 주택연금을 가입할 때 망설이는 부분은 향후 집값이 올랐을 때의 상실감이죠. 특히 부동산 가격이 떨어진 상황에서는 더욱 망설여질 수 있습니다. 그러나 주택연금은 해당 주택이 매년 2.7% 상승할 것으로 보고 연금액을 계산합니다. 현 시세가 3억 원인 주택의 경우, 20년 뒤에 5억 1천만 원 정도의 자산 가치로 인정한다는 뜻입니다. 주택연금을 이용하는 도중에 부득이하게 이사를 해도 새로운 주택으로 담보를 변경하면 계속해서 이용할 수 있습니다.

이제 평균수명이 아닌 '기대여명'을 눈여겨봐야 합니다. 긴 노후를 잘 준비하려면, 부부가 노후에 얼마 정도면 살 수 있는지 현실적으로 예산을 수립하고, 주택연금, 국민연금 등 준비 상황을 꼼꼼하게 살펴보아야 합니다. 요즘엔 '더 이상 은퇴는 없다'라는 말이 있죠? 노후에도 무리 없이 일할 수 있는 방도를 미리 찾아보거나, 그 기반을 닦아두는 것도 중요합니다.

또한 자녀 입장에서도 부모가 알아서 하실 문제라며 방관하거나, 형제자매 간의 불편한 진실로만 남겨두지 말고 적극적으로 나서서 해법을 모색해야 합니다. 대출금이 있다면 노후에 맞는 주택으로 옮겨 부채를 갚거나, 자녀들이 함께 도와 주택연금을 받게 하는 경우도 있습니다. 오랜 세월 성실하게 살아오신 부모님의 집을 잘 활용해서 노후 짐을 덜어드리면 좋겠습니다.

현재 우리나라의 고령화 속도가 세계 1위라고 합니다. 부모님 세대는 '다 쓰고' 가시는 지혜가, 젊은 세대는 '스스로' 건강한 가정경제를 일구는 지혜가 필요한 시점입니다. 행복한 가정의 유산은 물려받을 집 한 채와 자산이 아니라 가족 모두의 행복임을 잊지 않았으면 합니다.

부모님 생활비, 땅 팔아 즉시연금?
팔지 않고 농지연금!

"시골에 칠순 되신 부모님이 계시는데, 농사를 지어 생계를 유지하는 것도 쉽지 않고 영농대출도 하신 상태입니다. 2억 원에 시골 땅을 팔고 보험사의 즉시연금상품에 가입하는 게 어떨까요?"

최근 벼농사 추곡 수매가도 좋지 않고 비료값도 벅차 영농대출을 받아 생활하시는 분들이 의외로 많습니다. 위의 상담 사례의 경우, 땅을 판 2억 원을 보험사에 일시 납입하여 즉시연금으로 수령하면 매월 80만 원 정도를 평생 받을 수 있습니다. 하지만 조상 대대로 물려받은 농지를 팔아야 하는 부모의 정서적인 부담도 고려하지 않을 수 없습니다. 농토 일부를 선조의 묘로 쓰고 있거나 농가 주택이 농지에 둘러싸인 경우도 있죠. 더구나 공시지가 정도인 시세 2억 원에 땅을 파는 것도 아쉬울 수 있습니다. 이런 경우 눈여겨볼 제도가 바로 '농지연금'입니다.

2011년부터 시행 중인 농지연금제도는 농민이 보유한 토지를 담보로 매달 수십만 원의 연금을 지원받을 수 있는 제도입니다. 70세 농부가 2억 원(공시지가 기준)의 농지를 담보로 제공할 경우, 월 80만 원가량의 연금을 받을 수 있습니다. 최근 도입된 전후후박(前厚後薄)형 방식의 경우 10년간은 약 95만 원을, 이후부터는 약 67만 원을 평생 보장받을 수 있죠. 소비 활동이 활발한 가입 초기에는 기존 방식보다 월 지급금을 많이 지급해 자금 수요를 충족시켜주는 방식입니다. 농지연금 가입 자격은 부부가 모두 만 65세 이상이고, 영농 경력 5년 이상, 소유한 농지 총 면적이 3만㎡(9,075평 정도) 이하인 농업인입니다. 단, 농지는 저당권 등이 설정되거나 압류, 가압류, 가처분 등이 되지 않은 상태여야 합니다.

농지연금 月 수령액 예시

2억 원 상당 농지를 소유한 70세 농민이 농지연금에 가입할 경우,

종신지급형 80만 원(동일한 금액으로 평생 수령)
전후후박: 10년간 95만 원, 이후 67만 원 수령

※ 농지연금 가입 신청은 한국농어촌공사 본사, 지역 본부, 지사에서 할 수 있다.(대표전화: 1577-7770)

농지연금의 장점은 첫째, 부부가 평생 연금을 받을 수 있다는 것입니다. 토지주인 남편이 사망해도 부인이 계속 받을 수 있습니다. 둘째, 영농 또는 임대 소득이 가능합니다. 연금을 받으면서 담보농지에서 직접 경작할 수도 있고, 연세가 많아 경작이 어려울 경우 농어촌공사에 맡기면 적게나마 임대 소득을 받을 수도 있습니다. 이는 농지를 담보로 농업인의 생계를 보조하는 나라의 정책인데, 부부가 모두 사망하면 상속인에게 돌려주지만, 평균 수명보다 오래 생존해 담보설정액을 초과하더라도 자녀에게 추가로 청구하지 않습니다.

영농 경력은 신청일 직전까지 연속적일 필요는 없습니다. 전체 영농 기간을 합해 5년 이상이면 됩니다. 농지가 있어 귀농하는 경우 참고할 만하겠죠. 단, 토지의 소유(지분)가 부부를 제외한 가족 등 여럿으로 나뉜 경우는 해당하지 않습니다. 또한 저당권 등 다른 금융권에 담보 설정이 없어야 합니다. 농지담보대출이 있는 경우 자녀의 도움을 받아 대출금을 상환한 후 농지연금을 수령하는 것도 방법입니다.

연로한 부모님이 직접 알아보고 연금액 산정이나 절차 등을 진행하긴 쉽지 않습니다. 자녀들이 적극적으로 알아보고 힘을 합치는 것이 중요합니다. 위 사례는 자녀들이 종잣돈을 모아 부모님 대출금을 상환하고 농지연금에 가입해드리기로 결정했습니다.

보다 적극적으로 여러 제도를 살펴보고, 지혜롭게 노후 문제에 접근해야 합니다. 부모님의 문제라고 방관하지 말고, 형제자매 간에 예민해지지 않도록 민주적으로 협력하는 자세를 견지하세요. 가족애(愛)를 지키는 '북극성' 이야기를 재구성하는 기회를 절대 놓치지 마시기 바랍니다.

노후생활비
합리적으로 설계하기

최근 성인 남녀를 대상으로 한 조사에 따르면, 은퇴 후 필요한 자금은 부부 기준, 최소 월 2백 26만 원이라고 합니다. 하지만 이런 월 소득이 가능한 비율은 전체 은퇴 인구의 10%에 불과하죠. 실제 통계 자료가 발표된 뉴스 기사에 이런 댓글이 달렸습니다.

'지금도 2백만 원이 채 안 되는 돈으로 생활하는데, 노후에 2백만 원이 필요한가?'

통계상 산술평균이 아닌, 실제 본인의 삶에 눈높이를 맞춘 노후 준비는 불가능할까요?

세 자녀를 모두 출가시킨 김태평(64세), 강인숙(62세) 씨 부부는 올해 국민임대주택에 입주했습니다. 부부의 한 달 소득은 150만 원으로,

국민연금으로 50만 원을 받고 있으며 한 달 생활비는 1백만 원 남짓입니다. 평소 검소한 생활 습관이 몸에 배어 있어 무리는 없습니다. 하지만 남들처럼 집이 있어서 월세를 받거나 주택연금을 받을 수도 없는 부부는 노후에 대한 불안감이 컸습니다. 전세 보증금을 빼고 남은 5천만 원으로 장사를 할지, 아니면 빚을 내 개인택시를 할지 여러 방안을 고민 중이라고 했습니다.

두 분이 5천만 원으로 할 수 있는 일은 무엇일까요? 우선 가입 즉시 연금이 나온다는 '즉시연금보험' 가입을 생각해볼 수 있습니다. 하지만 물가상승률에 비하면 큰 실익이 없습니다. 즉시연금보험은 목돈을 한꺼번에 보험료로 넣은 다음 매달 연금을 받는 상품입니다. 62세 여성이 5천만 원을 넣으면 15만 원을 받습니다. 하지만 70세 초반이 되는 10년 후 실질적인 가치는 11만 원(물가상승률 3% 기준)입니다. 부모님 세대도 물가 상승의 위험으로부터 자유롭지 못한 상황입니다.

그렇다면 어떤 계획을 세워야 할까요? 중년 세대 이후에는 노후에 대한 막연한 불안감이 앞서 자칫 재정적으로 무리수를 두기 쉽습니다. 그러나 합리적인 노후 준비를 위해 가장 중요한 것은 노후에 '얼마면 되는지'를 파악하는 것입니다. 국민연금을 얼마 받는지 살펴보고 현재 생활비를 얼마나 쓰고 있는지 등을 살피면서 부족한 만큼 현실적인 목표를 세워 저축하는 것이 중요합니다.

노후생활비를 합리적으로 설계하기 위해서는 기본 생활비인 월 고정 지출과 비정기 지출을 구분해야 합니다. 월 고정 지출은 국민연금과 개인연금 소득을 통해 준비하고요. 기본 생활비는 의식주 해결에 집중하되 과도한 보험료, 통신비, 렌탈료 등 누수 자금을 줄여야 합니다. 비정기 지출은 연간 단위로 계획을 세워 활기찬 노후생활에 보탬이 되어야 합니다.

중년 여성의 경우 일을 하더라도 자기가 버는 소득에 대한 '명분'을 세울 것을 강조합니다. 즉 맞벌이하는 자녀 가정의 육아를 맡을 경우, 그냥 용돈 정도를 받는다 생각하지 말고, '정당한 노동의 대가'로 통상적인 임금을 주고받는 것이 바람직합니다. 또 무슨 일을 하든지 한 달에 50만 원을 번다고 하면, 그 돈이 고정 생활비로 쓰이지 않게 유의해야 합니다. 남편의 소득이 줄어드는 시기에 생활에 지장이 없는 검소한 구조를 만들고, 아내의 소득은 따로 노후를 대비하는 종잣돈이나 비정기 지출 통장으로 관리하는 것이 좋습니다. 기본 생활비는 좀 더 검소하게 운용하고, 비정기 지출은 넉넉히 예산을 잡아 따로 준비하는 것이죠.

위 사례처럼 약간의 종잣돈이 있다면, 즉시연금상품으로 바로 받기보다 거치 기간을 두어 안정적으로 투자하는 것이 좋습니다. 김태평 씨 부부의 경우, 당장은 소득이 있기 때문에 연금이 필요한 5년 뒤를 가정해보니 기본 생활비는 현재와 비슷한 1백만 원이면 충분했습니다. 50만 원의 국민연금을 받고 있으니 부족한 월 50만 원을 받을 수 있는 연금 재원을 마련하기로 했습니다.

자녀를 동반한 가족 상담 끝에 5천만 원은 일시납 변액유니버설보험으로 투자했습니다. 일시납은 매월 불입하는 월납 연금상품에 비해 보험사 사업비가 저렴합니다. 기본 보험료를 3천만 원으로 가입하고, 2천만 원을 추가 납입했습니다. 기본 보험료의 5%인 150만 원의 보험 사업비를 제하고 펀드에 투자하는 형식이며, 추가 납입 수수료가 없는 상품을 이용했죠. 연금보험은 기본 계약 금액의 두 배수까지 추가 납입할 수 있습니다. 일시납은 거치 식으로 투자하는 성격인 만큼, 안전하게 자산을 운용할 수 있도록 글로벌 채권형 위주로 펀드를 선택했습니다.

그리고 기본 생활비와 비정기 지출 여유분을 제외하고, 한 달에 40만 원을 저축하기로 했습니다. 자녀들이 20만 원을 보태 매월 총 60만 원씩 적립식으로 펀드를 가입했고요. 달마다 내는 적립식펀드라서 약간의 공격성을 더해 배당주 등 글로벌배당 인컴펀드를 중심으로 수익률을 높여 가기로 했습니다. 5년간 꾸준히 적립하면서 4% 내외의 수익률을 내준다면 4천만 원을 마련할 수 있습니다. 변액보험상품을 연금으로 받기 전에 펀드를 환매해 추가 납입한다면 연금 재원은 총 1억 원이 됩니다. 아내가 68세가 되는 해부터 연금을 받으면 한 달에 60만 원씩, 확정연금으로 20년 동안 받게 됩니다. 현재 받는 국민연금이 매년 물가상승률에 따라 올라가니 본격적인 노령기라도 기본 생활비는 어느 정도 해결되죠.

노후자금에 대한 현실적인 목표를 수립한 후 여유로운 노후 삶의 이벤트도 준비했습니다. 어머니가 베이비시터로 한 달에 40만 원씩 버는 소득으로는 3년 뒤 해외여행 자금과 자동차 교체 자금으로 적금을 들었습니다. 자녀들은 효도통장을 만들어 돈을 한데 모아 칠순잔치 적금도 만들고 국민임대주택 임대료와 노후실손의료 보험료를 내 드리기로 했습니다. 이래서 재무 대화로 현실적인 목표를 세워 힘을 합하는 것이 중요합니다.

국민연금도
세금을 낸다?

결론적으로 과세 대상이 될 수 있으나, 누구나 무조건 내지는 않습니다. 연금소득으로 과세가 되는 국민연금은 노후에 받는 노령연금만 해당하며, 장애연금이나 유족연금은 과세 대상에서 제외됩니다. 또한 노령연금도 전액에 과세되는 것이 아니라, 2002년 이후 가입 기간에 따라 산정된 연금액이 과세 대상입니다. 본인의 국민연금 중 과세 대상 연금액이 얼마인지는 콜센터 1355번으로 확인하면 알 수 있습니다.

연금소득 공제 산출 기준에 따라 계산하면 국민연금 '과세 대상' 연금액이 연 770만 원(2017년 5월)을 초과할 경우, 소득세가 발생합니다. 연금소득은 매년 5월 말까지 국세청에 신고하는 종합소득 과세 표준 확정 신고 대상이나 다른 소득은 없고 과세 대상 국민연금 소득만 있을 경우 국민연금관리공단의 연말정산에 의해 세금이 확정됩니다. 과세 대상인 경우 연말에 공단에서 연말정산 신고 안내문을 발송하고, 다음해 1월 말경에 연말정산이 이루어지며, 발생한 소득세는 국민연금 지급액에서 차감 후 지급됩니다.

총 연금 수령액이 연간 1천 2백만 원 이하인 사적연금은 종합소득에 합산하지 않고, 분리과세를 선택할 수 있습니다. 여기서 말하는 사적연금은 첫째, 세액공제(소득공제)를 받아왔던 연금계좌(통상 연금저축이라고 표현함), 둘째, 개인형퇴직연금계좌(IRP)를 통해 세액공제를 목적으로 본인이 선택적으로 불입했던 금액, 셋째, 직장 퇴직연금의 운용 수익(퇴직연금 원금 제외)을 말합니다. 이 상품은 가입했던 금융기관에서 수령 개시 나이에 따라 3.3~5.5%의 세율*로 원천징수한 후 연금을 지급합니다. 예를 들어 65세 남성이 연금저축보험을 10년 분할 수령으로 선택하여 월 40만 원을 수령한다고 가정할 때, 연간 480만 원에 대해 5.5%(70세 미만이기 때문에), 즉 26만 4,000원의 세금을 내게 됩니다. 하지만 연간 수령액이 1천 2백만 원을 넘는 경우에는 분리과세(원천징수)로 끝나지 않고 종합소득으로 합산되어 세금을 계산합니다.

"국민연금 수령액 123만 원 중에 과세대상액이 65만 원으로, 연간 780만 원이 됩니다. 또한 연금저축계좌에서 생활비를 충당하기 위해 월 120만 원(연간 1,440만 원) 이상 수령하게 되면 세금을 얼마나 내나요?"

---

* 연금소득율은 65세 이후는 5.5%, 70~79세는 4.4%, 80~85세는 3.3%로 낮아진다

이와 같은 질문에 대해 말씀드리자면, 일단 국민연금은 위에 언급한 대로 2002년도 이후에 적립한 국민연금에 대해서만 과세가 되기 때문에 780만 원이 국민연금의 과세대상액이 됩니다. 연간 1천 2백만 원을 초과하여 종합소득으로 합산하는 사적연금(연금계좌)은 수령액 전액 1,440만 원이 과세 대상 연금액이 되겠습니다.

780만 원과 1,440만 원을 합친 2,220만 원에서 연금소득공제액(1천 4백만 원 초과의 경우 630만 원+1천 4백만 원 초과 금액 820만 원의 10%, 최대 9백만 원까지) 712만 원을 제하고, 인적공제(본인 및 배우자 각각 150만 원, 총 3백만 원)를 해서 과세표준액을 구합니다.

과세표준액 1,208만 원에 세율을 적용(과세표준액이 1천 2백만 원 초과하면 72만 원+1천 2백만 원 초과 금액 8만 원의 15%)하여 계산된 금액 73만 원에 표준세액공제(7만 원)를 하면 소득세 결정세액이 66만 원이 나옵니다.

여기서 사적연금(연금계좌)이 연간 1천 2백만 원을 초과하여 종합소득으로 계산되더라도 연금소득 자체에 대해서도 소득공제 및 기본공제(인적)를 고려해주기 때문에 다른 종합소득(이자, 배당소득)이 크게 높지 않다면 낮은 세율을 적용받아 생각보다 연금소득이 크지 않을 수 있습니다. 이 경우 70세 미만이기에 연금소득 원천징수 세액보다는 종합소득세액이 낮습니다. 소득세 결정세액에 지방세 10%를 가산하여 최종결정세액(실제 납부할 세금)이 확정되면 결정세액에서 연금저축을 수령하면서 원천징수했던 세액을 차감한 후 결정세액이 많으면 추가로 납부, 기 납부세액이 많으면 환급됩니다. 연간 수령액을 1천 2백만 원 이내로 선택해 분리과세로 납세를 종결하는 것이 세 부담 측면에서 유리한지는 개인의 상황에 따라 다릅니다. 연금 관련 세금이 얼마가 되는지에 대해서는 과세 대상 연금액, 인적공제 대상 등에 따라 달라지기 때문입니다.

요약하면, 국민연금 수령액이나 연금저축 적립액이 높지 않으신 분들 많습니다. ① 퇴직 후에 '종합소득'이 높은 분이 아니면, 연금을 수령할 때 세금 걱정은 크지 않습니다. ② '연금저축'이라는 표현이 없는 비과세저축성보험은 연금 수령 시에 세금이 전혀 없습니다. ③ 연금을 수령할 때 중요한 것은 세금보다는 본인의 자산과 소득을 고려한 노후의 현금 흐름 계획을 세우는 것입니다.

노후 자산, 집밖에 없다면 줄이는 것도 지혜다

서울에 사는 주부 이 씨(58세)는 빠듯한 살림 때문에 생활비를 벌기 위해 계속해서 일자리를 알아보고 있습니다. 남편은 다니던 직장에서 퇴직 후 다른 일자리를 구했지만, 소득이 3분의 1로 줄었습니다. 원래 62세부터 받기로 되어 있는 국민연금도 조기 수령을 신청해 30%나 삭감된 금액으로 현재 70만 원을 받고 있죠. 남편이 3년 전부터 받기 시작한 개인연금 30만 원까지 합쳐 총 소득 230만 원으로 기본적인 생활은 그럭저럭 해나갈 수 있습니다. 하지만 40평대 아파트의 겨울철 난방비나 때때로 나가는 경조사비 등 비정기적인 지출까지 고려하면 오히려 마이너스입니다. 30년을 주부로 살아온 그녀는 경단녀(경력단절여성)가 아니라, 아예 경력이 없어 단순 노무직을 알아보고 있지만 그마저도 쉽지가 않습니다. 남편이 퇴직하면 함께 여행을 다니는 게 꿈이었는데, 그 꿈을 이룰 수 있을지 망막하다며 한숨을 내쉬었습니다.

    준비되지 않은 노후가 닥치자 국민연금 조기 수령이라는 비효율적인 판단을 한 사례입니다. 국민연금은 조기 수령하면 1년을 앞당길 때마다 6%씩 삭감됩니다. 5년을 앞당기면 수령액이 30% 정도 줄어들죠. 이 가정은 국민연금으로 1백만 원 받을 수 있었는데, 70만 원밖에 받지 못하게 되었습니다. 이들의 경우 어떤 노후 대책이 필요할까요?

    3가지 방법, 즉 소득을 늘리는 방법과 지출을 줄이는 방법, 자산 구조를 개선하는 방법이 있습니다. 50대 후반의 주부인 이 씨가 지금 일을 시작해도 10년 뒤 남편과 함께 부부 소득이 감소될 것은 분명하기에 더 번다고 해결될 문제가 아닙니다. 평소 지출을 줄인다 해도 중년 세대는 경조사 등 비정기적인 지출의 증가를 피하기 어렵습니다. 이 가정의 가장 큰 문제는 현금이 없다는 것입니다. 자녀가 출가한 60대 전후는 부동산 비중을 줄이고 현금 자산을 확보해서 노후에 닥칠 다양한 위험에 대비해야 합니다. 부동산과 연금 자산(금융투자) 비중을 5대 5로 가져가는 것이 바람직합니다.

    서울 시내의 40평대 아파트를 처분하고 소형 주택을 매입해 거주한다면 3억 원 정도의 현금을 확보할 수 있다는 것을 일러주고 일시납 연금을 통해 노후를 대비하도록 추천했습니다. 새로 산 소형 주택은 70세 이후에 주택연금으로 받으면 부부가 평생 연금을 받게 됩니다(주택 가격이 3억 원일 경우 현재 약 92만 원). 국민연금과 함께 주택연금이 본격적인 노령기의 기본 생활비입니다.

부동산을 처분한 자산의 일부를 활용하는 일시납 연금은 노후생활비가 아닌 '목적자금' 용도입니다. 대표적인 것이 '간병비'인데요, 60세 여성의 평균 기대여명은 88세로, 평균 30년을 더 사는 100세 시대에 노후간병비가 절대 숙명의 과제입니다. 이를 간과하면 연금을 생활비가 아닌 간병비 등 의료비로 써야 하는 '전용 리스크'에 봉착할 수도 있습니다. 일시납 연금은 가입 후 바로 연금 전환해서 생활비로 쓰는 것이 아니라 목적 자금으로 대비해 비과세 자산으로 운용하는 것입니다. 매월 내는 월납 연금상품의 경우 보험사에서 떼는 수수료(사업비)가 큰 반면, 일시납은 보험사에서 가져가는 비용이 훨씬 저렴합니다. 이 가정의 경우처럼 부동산을 줄인 후 여유자금이 있다면 일시납을 활용하되, 당장의 생활비가 아닌 장기적인 관점에서 병간호비 등 긴급자금이 필요한 때 인출해서 쓰는 전략이 필요합니다.

이 씨가 국민연금에 임의 가입하면 12년 뒤인 70세부터는 현재 가치로 20만 원 정도 국민연금을 받을 수 있습니다. 10년 뒤 물가를 고려하면 25만 원 정도이며, 수령 시부터 매년 물가와 연동해 받는 액수가 올라갑니다. 일자리를 알아보더라도 국민연금을 내주는 직장을 다니는 것이 좋습니다. 이 가정의 경우, 부부가 모두 받는 '국민연금 맞벌이'에 집을 담보로 받는 주택연금까지 감안하면 3개의 공적연금으로 180만 원 전후의 노후생활을 할 수 있습니다.

노후로 접어드는 60대 전후는 행복한 노후의 단추를 꿰는 골든타임입니다. 자산을 효율적으로 정비하여 '돈맥경화'를 막을 수 있는 마지막 기회라는 사실을 잊지 마세요.

퇴직금 5천만 원, 노후자금과
자녀 결혼자금 사이에서

정년퇴직을 6개월 남겨두고 재무 상담을 요청한 김성국(61세) 씨는 아들이 자신이 퇴직하기 전에 결혼하기를 바랐는데, 막상 결혼을 한다니 반가우면서도 퇴직금을 당겨 받아 아들의 전세금을 마련해줘야 하는지 걱정이라고 했습니다.

이런 상황에 놓인 분들이 많으실 겁니다. 결혼자금을 마련해주고 나중에 돈이 없어 궁핍해지면 자녀에게 짐이 된다는 사실을 아셔야 합니다. 자식의 결혼자금보다, 퇴직하면 한 번쯤 생각해본다는 크루즈 여행보다 더 중요한 것이 긴 노후의 의료비입니다. 이를 대비한 통장 하나쯤 만들어놓고 노후를 맞아야 합니다. 부모님이 건강해야 자식들이 행복하게 살 수 있지 않을까요?

결혼해서 살다가 연로하신 부모님을 돕는 문제로 경제적 갈등을 겪는 부부가 꽤 많습니다. 부모님의 노후는 또 하나의 화두입니다. 자식의 결혼자금을 보태줄지 판단하기 전에 부부의 노후를 위한 대안이 있는지 고민해야 합니다.

성국 씨는 개인연금보험 30만 원씩 10년을 저축해왔지만 적입액은 생각보지 크지 않습니다. 연금 전환 준비금(현재 적립액) 5천만 원을 사망할 때까지 준다는 종신연금으로 전환하면, 받는 돈은 고작 17만 원입니다. 성국 씨는 그래선 안 되겠다 싶어 경비 일이라도 알아보신다고 하셨습니다. 120만 원 정도 소득에 아내의 아르바이트 비용 40만 원을 합치면 월 180만 원이 조금 되지 않겠지만 기본적인 생활은 가능하겠죠. 아들이 결혼을 해서 나가면 식비는 좀 줄어들 테고요. 내년 봄부터 받게 될 1백만 원의 국민연금 수령 시기를 3년만 늦춰도 20만 원을 더 받을 수 있으니, 가급적이면 늦춰 받는 쪽으로 계획을 세워야 합니다.

10년 뒤에는 두 분 모두 일하는 것이 쉽지 않을 수도 있습니다. 공시가격 3억 원 남짓 하는 집 하나로 주택연금 1백만 원 정도는 나올 수 있도록 73세부터 수령한다고 자녀에게 말씀해주십시오. 당장 몇 년 동안은 생활이 팍팍할 수도 있지만, 나중에는 주택연금과 국민연금을 통해 안정적인 생활을 할 수 있다는 점을 자녀에게 일러주실 필요가 있습니다.

평생 일하며 적립된 퇴직금 중 일부는 집을 살 때 중간 정산해 남은 금액이 크지 않은데, 당장 아들의 결혼 자금으로 보태주면 분명 이후에 문제가 발생할 것입니다. 퇴직금은 연금으로 길게 수령해야 세금이 적고, 일시금으로 수령하면 세금이 30%가량 높다는 것도 분명히 밝히시는 것이 좋습니다. 퇴직금을 '연금저축계좌'에 넣고, 20년간 분할 수령하면 생활비에 큰 보탬이 됩니다. 나중에 손주들에게 용돈을 주실 여유도 생기겠죠. 퇴직금은 퇴직 이후의 삶을 준비하는 통장이어야 합니다.

퇴직금의 일부를 목돈으로 빼 쓰거나 주택을 담보로 대출받아 결혼 자금에 보태지 말고 잘 지켜주십시오. 만약 예금이나 만기된 적금이 있어 부담 없이 주실 돈이 있다면 부부가 함께 상의하여 기꺼이 기쁜 마음으로 도와주시되, 이런 상황을 잘 말씀해주시는 것이 좋습니다. 정확한 금액과 주실 수 있는 시기를 말씀해주신다면 자녀가 결혼 준비를 하고, 자금 계획을 세우는 데 큰 도움이 될 것입니다.

평소 부모님이 살아왔던 삶의 여정을 자녀에게 솔직히 이야기해주십시오. 무일푼으로 방 한 칸 얻어 결혼한 그 시절, 잊지 않으셨죠? 그런 작은 방에서 사랑을 하고, 자식들을 낳고 기르며 열심히 살아오신 그 이야기, 내 집 마련을 하고 자식들을 대학 공부까지 시킨 그 이야기 말입니다. 이렇게 인생의 큰 자산을 일궈낸 부모님의 이야기를 아들과 며느리가 함께한 자리에서 꼭 들려주세요. 그런 배경과 부모님의 경제적 상황을 귀담아 듣고 공감해주는 사람과 사람의 결합이 바로 '결혼' 아닐까요?

청년실업과 비정규직의 낮은 임금, 높은 전셋값 문제로 결혼하기 힘든 세상입니다. 하지만 차 살 돈은 있어도 적금 들 돈은 없고, 쓸 거다 쓰면서 모은 돈은 없다는 경우를 많이 봅니다. 예전 부모 세대는 '방'을 구해 결혼했지만, 이제는 '집'을 얻어야 한다는 세상입니다.

주변 시세보다 훨씬 저렴한 신혼부부 행복주택이 좁다고 신청하지 않고, 서울의 아파트가 아니면 결혼을 하지 않겠다는 커플도 꽤 많은 것이 현실입니다. 물론 아파트가 편하겠죠. 그렇다고 소형 주택이나 빌라는 싫다며 결혼을 주저하는 건 부모 세대가 겪었던 단칸방의 추억과 애환의 세월을 건너뛰는 '세대 생략'이 아닐까요? 과연 자신의 사랑을 지키는 것보다, 부모의 노후를 대비하는 것보다 '어느 지역 몇 평짜리 아파트'가 더 중요할까요?

부모는 자녀가 '연애는 감정, 결혼은 현실, 출산은 책임'이라는 사실을 가르치고, 그들이 직접 자신들의 삶을 계획할 수 있도록 도와줘야 합니다. '남자는 집, 여자는 혼수'라는 통념을 깨고 '결혼자금총액제'로 서로가 가진 총액 안에서 우선순위를 가려 주체적으로 결혼을 준비할 수 있도록 격려해주십시오.

그리고 빚에도 기준과 원칙이 있다는 점을 강조해야 합니다. 첫째, 전셋값의 30~50% 정도 선에서 '전세금 대출제도'를 충분히 활용하되 무리하게 빚 내지 않을 것. 둘째, 남편의 소득으로 20%씩 원금과 이자를 함께 갚으며 2년 뒤에 오를 전세금을 미리 준비할 수 있도록 가정 경제를 꾸릴 것을 일러주면 현명한 결혼생활을 해나갈 수 있을 것입니다.

주식 말고 '펀드', 종잣돈 말고 '적립식'

　　5년 뒤, 10년 뒤 어떤 재무 목표가 있으신가요? '종잣돈'을 모아 불릴 생각하지 말고, 5년 이상 중·장기적인 목표를 정해 적은 금액이라도 매달 꾸준히 '적립식' 투자를 하는 것이 좋습니다. 자칫 예민할 수 있는 주제라서 결론부터 말씀드립니다.

　　주변을 살펴보면 주식을 해서 쓴맛을 본 사람이 꽤 많습니다. 그래서 어떤 이는 주식을 도박에 비유하기도 합니다. 아직까지 주식을 비롯해 선물옵션, ELW(주식워런트증권)까지 동원하며 모 아니면 도 식으로 베팅하는 분들도 많죠. 생전 몰랐던 기업인데 호재 하나 믿고 덜컥 주식을 사는 것 역시 위험하긴 마찬가지입니다.

　　주식을 도박과 같은 제로섬 게임에 비유하기도 합니다. 제로섬(Zero Sum)은 참가자의 이득(+)과 손실(−)의 총합이 제로가 되는 것을 말합니다. 하지만 장기적인 관점에서 보면 주식시장은 제로섬 게임이라 볼 수 없습니다. 속칭 판돈 나눠먹기의 도박과 다르게 주식시장은 참여자의 투자 활동(주식 매입)을 통해 기업에게 생산 활동에 필요한 자본을 조달하고, 이를 통한 기업의 이익이 주주에게는 배당으로, 국가에게는 부가가치 창출로 이어져 경제 성장에 긍정적인 영향을 미치며 함께 성장하게 됩니다.

험난한 IMF 시절을 겪어왔지만 결국 국민총소득(GNI)을 봐서도, 미국을 비롯한 전 세계 주식시장의 역사를 통해서도 주식은 경제 성장과 같이 우상향해왔습니다. 최근 3년간 미국의 성장률은 연평균 2% 초반이지만, 주가는 미국 다우지수를 기준으로 같은 기간 31%가 올랐고, S&P 500은 25% 상승했습니다. 다우지수는 미국 30개 대표 종목 주가를 평균한 값이고, S&P지수는 500개 회사의 주가를 평균한 값입니다. 대부분 선진국은 경제성장률이 더딘 저성장이지만, 국경을 넘는 다국적 기업들이 많아지면서 일부 기업의 이익은 꾸준히 증가하고 있습니다. 국가별 경기 전망 역시 매년 다를 수는 있지만, 신흥 국가들의 국내총생산(GDP)은 매년 꾸준히 3~8%씩 성장하고 있습니다. 중국이나 인도의 성장률은 연평균 6%가 넘습니다.

성장하는 기업과 나라에 투자하는 가장 좋은 방법은 '적립식펀드'를 이용하는 것입니다. 국내 주식형펀드는 주식 매매 차익에 대해서는 비과세지만, 해외펀드는 수익금에 대해 15.4%의 세금을 부과합니다(한시적 비과세제도 2017년 말 종료). 다만, 연금저축이나 개인퇴직연금(IRP) 등 세액공제상품으로 해외펀드에 투자하면 낮은 펀드 수수료와 세율로 효과를 볼 수 있습니다. 위의 두 상품은 투자 수익에 대한 세금은 없고, 55세 이후 연금을 수령할 때 3.3~5.5% 정도의 세금을 매기기 때문에 유리합니다. 개인이 국내나 해외의 어떤 주식 종목을 사야 할지 결정하기도 어렵습니다. 탄탄한 재무 구조와 꾸준한 이익을 내는 회사, 그리고 이러한 국가를 선별하여 분산투자하는 적립식 펀드로 투자한다면 손실 확률은 크게 줄어듭니다.

적립식투자는 주가가 등락할 때마다 꾸준히 매수하여 평균 매입단가가 낮춰지게 되어 수익을 내는 구조입니다. 지난 5년간 한국과 미국, 중국, 유럽에 투자했던 적립식펀드의 수익률은 20~40% 정도입니다. 특히 주가의 등락이 컸던 중국의 경우 50%의 수익을 기록한 것은 의미하는 바가 큽니다. 다시 한 번 말씀드리지만 있는 돈을 불리려는 종잣돈투자보다 매월 소득에서 꾸준히 분산투자하는 '적립식투자'가 안전합니다.

매월 버는 소득에서 저축할 수 있는 구조를 만들어 단돈 5만 원이라도 시작할 수 있으면 좋겠습니다. 어떤 청년에게는 좋은 짝을 만나면 사랑의 결실을 맺을 자금, 신혼가정에는 5년 뒤 내 집 마련을 위한 종잣돈, 자녀를 키우는 부부는 10년 뒤 자녀의 대학자금일 수 있습니다. 현재 소득이 많지 않은 외벌이 부부는 작게라도 희망을 키워갈 통장일 수도 있습니다. 자녀들이 부모님을 생각하며 키워갈 효도통장일 수도 있고, 은퇴하시는 중·노년 부부에게는 노후와 동행하는 펀드통장일 수도 있습니다.

펀드 수익률

- ■ 이스트스프링차이나드래곤 AShare(H)[주식]클래스A
- ■ KB중국본토A주자(주식)A
- ■ KOSPI

펀드투자 수익률 비교　(기준일: 2017. 11. 27, 단위: 원, %)

구분		투자 금액	평가 금액	손익 금액	수익률	KOSPI 수익률
KB중국본토 A주자(주식)A	거치식	10,000,000	23,376,964	13,376,964	133.77%	33.31%
	적립식	6,000,000	9,003,230	3,003,230	50.05%	
이스트스프링 차이나드래곤 AShare(H) [주식]클래스A	거치식	10,000,000	19,351,939	9,351,939	93.52%	
	적립식	6,000,000	8,229,311	2,229,311	37.16%	

펀드 기간 수익률 비교　(기준일: 2017. 11 .27, 단위: 원, %)

구분		1주일	1개월	3개월	6개월	1년	3년	5년	연초후
KB중국본토 A주자(주식)A	수익률	-1.06	2.10	9.82	21.66	23.37	50.86	133.77	30.52
	%순위	77	60	37	46	63	20	2	57
이스트스프링 차이나드래곤 AShare(H) [주식]클래스A	수익률	-0.45	1.28	7.67	17.17	12.48	47.54	93.52	18.48
	%순위	68	65	54	82	89	25	15	87

가정 재무 설계를 하면서 각 가정에 몇 가지 원칙을 알려 드리고 있습니다. 삶의 우선순위를 고려하여 단/중/장기의 재무 목표를 세우고, 시간을 이기면서 꾸준하게 복리투자하고, 목적을 분명히 해 기회비용을 잃지 않으며 자산을 지키자는 것입니다.

투자는 상품과 수익률만을 쫓는 '유행'이 아닙니다. 배의 항로를 정하고 무게 중심을 잡아 항해하듯 자산을 배분해야 충분히 재무 목표를 달성할 수 있을 것입니다. 탈법적인 투기가 아닌 이상 투자는 괜찮은 방법입니다.

펀드 환매 시기, 정답(定答)은 있다

　　　　　　　장밋빛 전망이 무색할 정도로 수차례 금융 위기를 겪으며 주식시장을 예측한다는 것이 얼마나 무의미한가를 생각해봅니다. 숨 막히는 머니게임의 현실처럼 주가를 예측하는 일은 참 어렵습니다. 최근 몇 년간 전 세계적인 주가 상승으로 펀드 투자자들에게 수익이 발생하였습니다. 글로벌 경기 상승을 바탕으로 더욱 상승할 것이라는 전망과 거품이 꺼지면서 폭락할 수 있다는 경고가 공존하는 상황입니다. 본전 생각이나 지금의 쏠쏠이로 무조건 환매해선 안 되지만, 목표했던 기간과 재무적인 상황을 고려하여 펀드를 어떻게 관리할지 사례별 예시를 살펴봅시다.

수익이 난 펀드, 언제 환매하는 것이 좋을까?

연말에 결혼을 계획하는 34세 김영욱 씨는 결혼자금으로 준비했던 펀드를 언제 환매할지 고민입니다. 올 봄부터 알아보고 있는 전세금도 만만찮아 예·적금과 펀드를 다 합쳐도 전세대출을 받아야 하는 상황입니다. 주변에선 연말까지 기다려보면 큰 수익이 나지 않겠냐며 환매를 말립니다.

하지만 올해에 쓸 돈이라면 최소 절반 이상은 분위기 좋을 때에 환매하는 것이 낫습니다. 5년간 적립식투자했던 영욱 씨의 현재 누적 수익은 60%가 넘습니다. 펀드를 처음 가입할 때 목표했던 연평균 수익 5%를 초과한 만족할 만한 수익입니다. 올해 호재가 있을 법하지만, 이렇게 생각하는 것이 좋습니다. 상식적으로 1년을 목표로 펀드투자를 하진 않죠. 결혼보다 더 좋은 호재가 있을까요? 펀드를 환매하고 난 자금은 수시 입출금 통장인 CMA 계좌에 넣어 신혼집 전세자금으로 준비하면 됩니다. 사랑도 지키고, 돈도 지키는 지혜가 될 것입니다. 펀드 환매 시기, 정답(正答)은 없지만 정답(定答)은 있습니다.

변액유니버셜보험, 펀드 변경이 필요할까?

중학교 3학년 딸을 둔 서혜선 씨. 8년 전 자녀대학자금 목적으로 펀드에 투자된다는 변액보험에 가입해 4천만 원 정도 불입했던 돈에 수익이 나서 최근 평가금액이 5천만 원 정도가 되었습니다. 펀드에 투자되는 장기상품이라 어떻게 관리해야 할지 걱정입니다.

변액보험은 이미 펀드로 투입된 특별계정적립금과 앞으로 계속 불입할 매월 보험료에 대한 펀드 전략을 구분할 필요가 있습니다. 기존 적립금은 어느 정도 수익을 내고 있다면 안전하게 관리할 필요성도 있습니다. 특히 자녀대학자금으로 목표했던 기간이 3~4년 남아 있는 혜선 씨의 경우 수익이 난 1천만 원 정도는 주식보다 변동성이 적은 글로벌채권형펀드로 옮겨놓는 것이 좋습니다. 특별계정 적립금 중 위험 자산인 주식형펀드 비중을 줄여 채권형 자산을 20% 확보하면 됩니다. 반대로 매월 불입하는 금액(펀드 투입 비율)은 굳이 주식형을 줄일 필요가 없습니다. 주가가 내려가더라도 매월 주식을 저렴하게 살 수 있기 때문입니다.

이렇게 변액보험의 경우 특별계정 적립금이 쌓이는 것에 관심을 두고, 주식과 채권 비중을 조절하는 것이 바람직합니다. 주가가 과열되었다는 징후가 있다면 특별계정 적립금에서 채권형 비중을 확보하다가 주가가 급락하면 다시 주식형을 늘려가는 방식으로 투자 전략을 조절하는 것이 좋습니다.

1천만 원, 어떤 종목에 투자하는 것이 좋을까?

임차인에게 전세금으로 올려 받은 1천만 원을 투자해볼까 고민하는 박정환 씨. 매월 적금만 해왔고 아이들도 크고 하니 이젠 재테크에 관심을 가져야 할 것 같아 요즘 증권방송에 관심이 많습니다.

일반적인 가정에서 가장 조심해야 할 투자 방법은 종잣돈으로 주식을 하고, 매월 저축은 적금만 하는 경우입니다. 살다보면 다양한 이벤트와 변수가 많기에 매달 남는 돈과 현금으로 가지고 있는 목돈의 경우 그 전략을 달리하여 투자해야 합니다. 꾸준히 넣는 적립식은 조금 공격적으로 하되, 거치식으로 들어가는 목돈은 안정적으로 관리하라는 것입니다. 정현 씨의 경우 1천만 원을 정기예금에 예치해야 합니다. 투자하더라도 원금보장형 ELS 정도가 좋습니다. 대신 매월 붓던 적금이 만기가 되면 그때부터 적립식펀드를 가입할 필요가 있습니다. 재무 목표를 세운 대로 금액을 나눠 적금과 펀드를 분배하면 됩니다.

세액공제 연금저축으로
신(新)보릿고개를 대비하라

노후를 위해 금융상품에 가입하셨나요? 그렇다면 그것은 연금보험인가요, 연금저축보험인가요? 얼핏 보면 이 2개의 상품은 비슷해 보이지만, 큰 차이가 있습니다. 연금보험은 비과세상품인 반면, 연금저축보험은 세액공제상품입니다.

노후를 위한 저축상품에는 여러 가지 세금 혜택이 있습니다. 첫째, 저축을 통해 생긴 이자나 수익에 대해 세금을 부과하는 않는 비과세가 있습니다. 연금보험, 저축보험, 변액보험 등의 보험상품이 이에 해당합니다. 이 상품은 나중에 연금으로 수령할 때도 세금이 없다는 장점이 있지만, 보험사가 수수료를 가져가는 사업비가 높고, 이자나 수익이 높지 않은 경우에는 비과세 효과가 크지 않습니다. 요즘은 워낙 저금리이다보니 복지 비과세 저축성 연금보험의 효과가 덜한 것이 사실입니다.

둘째, 세액공제는 연말정산을 할 때 세금을 공제받는 장점이 있습니다. 연금저축은 불입한 원금에 대해 16.5%의 세율을 적용해 세액공제를 해줍니다. 금융상품 이름에 '연금저축'이라는 표현이 있습니다. 예를 들면 연금저축 신탁/보험/펀드 등이 있죠. 이런 상품들은 노후에 연금을 수령할 때 3.3~5.5% 세율로 연금소득세를 내야 합니다.

2014년부터 기존 소득공제에서 세액공제로 세제 혜택이 변경되었습니다. 연봉(과세 표준)이 낮은 근로 소득자에게 상대적으로 유리하게 변경된 것이죠. 또한 연봉 5천 5백만 원 이하인 근로자 및 연소득(인정액) 4천만 원 이하의 자영업자는 16.5%로 공제율이 상향되었습니다(초과자는 13.2%).

예를 들어 월 34만 원씩 1년에 총 4백만 원을 저축했다면 66만 원을 돌려받습니다. 매월 34만 원씩 불입하는 원금의 거의 두 달 치를 세액공제 받아 효과가 큰 것입니다. 이러한 세액공제상품은 연금저축상품만이 아니라 개인형 퇴직연금계좌를 통해서도 효과를 누릴 수 있습니다.

2017년 7월부터는 자영업자, 공무원도 가입이 가능해서 개인형 퇴직연금계좌를 개설해놓고 여유가 있을 때 탄력적으로 불입하면 좋습니다. 연금저축과 합산하여 연간 총 7백만 원 한도로 세액공제상품을 운용할 수 있습니다. 월 납입 금액을 환산하면 59만 원이며 세금은 최대 115만 5,000원까지 공제 받을 수 있습니다. '복리 비과세'라는 저축보험을 가입하기 전에 반드시 세액공제 연금저축상품을 통한 절세 혜택을 챙기시기 바랍니다.

세액공제를 받는 연금저축상품은 보험사의 권유를 통해 연금저축보험으로 가입하는 경우가 많은데, 요즘은 보험사에 이익을 배당하지 않는 무배당상품이 대부분이고, 저금리로 이자를 계산하는 공시이율 자체가 높지 않습니다. 공시이율이 3%라도 매월 납입하여 적립되는 기간을 일수로 계산하여 이자가 붙는 것을 고려하면, 공시이율에 비해 실제 수익은 절반 수준입니다. 은행 정기예금과 적금의 실제 수익률이 다른 이치와 같습니다.

또한 상품 가입 때 설명하는 예상 연금액은 커 보일 수 있어도 수십 년 뒤 돈의 '값어치'를 고려해야 합니다. 매년 2.5%의 물가 상승을 감안하면 20년 뒤 한 달 연금 1백만 원의 가치는 61만 원의 가치로 줄어듭니다.

40세 남성이 매월 33만 3,000원씩 연간 4백만 원을 20년간 3% 이율로 저축할 경우, 불입이 끝나는 60세 시점에 1억 8백 35만 원이 적립되는 반면, 펀드 수익 관리를 통해 연평균 5%의 수익을 낼 경우, 적립액은 1억 3,561만 원으로 늘어납니다. 여기에 세액공제 받은 돈을 푼돈으로 쓰지 않고 연금저축펀드에 재투자하여 적립한다면 1억 5천 7백만 원으로, 원금에 두 배 수준이 됩니다. 매년 연말정산하여 세액공제로 받은 돈을 '푼돈'이 되지 않도록 재투자할 것을 권합니다.

그렇다면 계속 불입하던 연금저축보험은 어떻게 하는 것이 좋을까요? 주부 박 씨의 사례로 살펴봅시다. 박 씨는 결혼을 한 뒤 자녀가 없을 때 직장에 다니면서 연금저축보험에 가입했지만, 지금은 경력이 단절되어 매월 납입하는 것이 부담스러워졌습니다. 보험상품은 두 달 연체하면 실효가 됩니다. 해지를 할 때 기타소득세에 해지가산세가 붙어 해지환급금 전체에 대하여 16.5%의 세금이 부과됩니다.

빠듯한 살림에 기존에 가입한 연금신탁이나 연금저축보험이 부담스러운 상황이라면 연금저축펀드로 계약 이전할 것을 권합니다. 이는 세액공제를 받는 연금저축상품끼리 옮기는 제도입니다. 물론 납입 원금이 아니라 해약 환급금으로 옮겨지지만, 기타소득세를 내야 하는 손해는 없습니다. 해약금 손해를 약간 보더라도 장기적으로 펀드 관리를 잘하면 손실은 충분히 만회할 수 있습니다.

연금저축펀드로 옮기고 나서 당분간 적립식은 하지 못하더라도 다시 맞벌이를 하면서 여유가 생길 때마다 펀드를 매수하면 됩니다. 소득이 늘어날 때 적립식을 시작해도 늦지 않습니다.

요즘 보험 리모델링이 유행이죠. 꼭 당부하건대, 줄인 만큼 저축하는 시스템은 필수입니다. 연금저축상품은 55세 이후에 수령할 수 있습니다. 따라서 60세 전후에 퇴직해 생활비가 부족한 '신(新)보릿고개'를 대비한다는 생각으로 현재 벌고 있는 소득에서 세액공제상품을 탄력적으로 준비해나가는 자세가 필요합니다. 노후는 생각보다 깁니다.

세액공제와 비과세투자를 고려한 다양한 전략으로 각 가정의 상황에 맞게 '꾸준히' 준비해야 합니다. 이는 우리 모두의 숙제입니다.

비과세 저축성보험,
하나라도 잘 유지하라

　　　　　　　　요즘 서민의 살림살이가 어려워 저축성보험 해지율이 사상 최대라고 합니다. 안타까운 것은 해지를 하면 큰 손해를 본다는 것입니다. 보험사에서는 매월 불입금에 사업비를 떼고 있지만, 해약할 때 역시 '미상각신계약비'라는 명목으로 10년 동안 받아갈 사업비를 또 떼고 난 뒤 해약금을 지급합니다. 그래서 해약하면 가장 손해를 보는 사람은 소비자입니다. 보험 설계사나 보험사는 큰 손해를 보지 않습니다.

　저축성보험은 10년 이상 유지 시 비과세라는 장점이 있지만, 매달 납입하는 보험료에서 사업비를 차감한 금액에 대해 이자나 수익이 생기는 구조입니다. 연금보험, 저축보험 같은 공시이율연동상품은 보험사에서 정한 이율로 이자가 붙고, 변액연금이나 변액유니버셜 등의 투자형상품은 펀드에 투자한 수익이 원금에 가산되는 형태입니다.

재무 상담을 하다보면 '복리 비과세'라는 명목으로 이런저런 저축성보험에 가입했다가 부담이 커서 해지를 고민하는 가정이 많습니다. 저축성보험은 일반적으로 추가 납입이라는 제도가 있어 매월 불입하는 금액 외에도 추가로 입금할 수 있는 한도가 있음에도 처음부터 무리한 금액으로 가입하거나, 다른 저축성보험이 있는데도 새로 가입하는 경우가 많습니다. 비과세저축성보험이 여러 개 있다면 그중 똑똑한 상품 하나라도 잘 유지하는 것이 좋습니다. 만약 불입할 여력이 없어 하나의 저축성보험만 남기고 해약해야 한다면 어떤 기준으로 선택해야 할까요?

첫째, 저축성보험의 경우 공시이율상품보다는 투자형상품인 변액보험을 통해 장기적인 수익을 높여가는 것을 권합니다. 유망한 국가와 자산에 투자하고 탄력적으로 대응하기 위해서는 변액보험에 다양한 펀드가 편입되어 있는 상품이 좋습니다. 변액연금보다는 변액유니버설이 선택할 수 있는 펀드의 종류가 다양한 편입니다. 예전 변액보험의 경우 처음 가입할 때 당시 설정되어 있던 펀드 이외에 추가로 펀드 구성이 되지 않아 아쉬운 경우가 있으나 일부 상품의 경우에는 신규로 출시되는 펀드들이 꾸준히 연동되어 선택의 폭이 넓어지는 상품도 있습니다. 회사별, 상품별로 상이하므로 반드시 보험사 콜센터를 통해 확인하는 것이 좋습니다.

둘째, 추가 납입 한도가 큰 상품을 남겨두는 것이 좋습니다. 일반적으로 저축성보험은 월 납입액의 두 배수까지 추가 납입할 수 있습니다. 예를 들어 매월 내는 보험료가 20만 원이라면 매월 40만 원씩 총 480만 원을 추가로 낼 수 있는 것입니다. 대부분 이런 추가 납입 한도는 그 해에 넣지 않으면 소멸하는 구조로 되어 있습니다. 연간 총 기본 보험료의 200%라는 조건을 달고 있습니다. 특이한 점은 일부 상품의 경우 '경과 연수'까지 납부가 가능한 것이 있습니다. 추가 납입 정보를 애초부터 몰랐거나 여유가 없어 몇 년 동안 추가 납입을 하지 못했다 하더라도 나중에 일시에 납부가 가능한 구조입니다.

예를 들어 월 납입액이 20만 원이었던 상품에 5년 동안 추가 납입을 못했다면 20만 원의 두 배인 40만 원에 납부한 기간 5년을 곱해 총 2천 4백만 원까지 추가 납입할 수 있다는 것입니다. 가입한 저축성보험이 있다면 추가 납입 한도가 '연간 한도'에 묶여 있는 상품인지, 아니면 나중에라도 여유가 있을 때 한꺼번에 넣을 수 있도록 '경과 연수'를 인정하는 방식인지 반드시 확인해보세요.

특히 2014년 2월 15일 이후에 가입한 저축성보험 계약부터는 1인당 2억 원을 넘으면 비과세 적용을 받지 못하며, 2017년 4월 1일 이후부터는 월 납입 보험 가입 기간 중 1회라도 추가 납입 금액이 월 150만 원을 넘어서면 비과세 혜택을 받을 수 없기에 기존에 가입한 저축성보험의 비과세 한도를 잘 살펴보고 활용해야 합니다.

아울러 2013년 이전에 가입했던 변액유니버셜보험의 경우 연금 개시 시점부터 100세까지 낼 총액을 한도로 추가 납입이 가능한 경우가 있어 이런 상품은 반드시 유지하는 것이 좋습니다. 추가 납입 한도가

〔(100세-연금 개시 나이)×월 납입액×12개월〕로 계산이 되어 추가 납부 한도가 큰 것입니다.

예를 들어 60세 연금 전환의 경우 매월 납입액이 40년×20만 원×12개월이 되어 추가로 9천 6백만 원을 낼 수 있습니다. 퇴직 시점에 부동산을 줄여가면서 금융 자산이 생기거나 여유자금이 있을 때 일시에 추가로 내 연금 수령액을 높이거나 꾸준히 묻혀서 수익에 대한 비과세 혜택을 받으면서 필요한 시점에 찾아 사용하면 될 것입니다.

셋째, 추가 납입 수수료가 저렴한 것이 좋습니다. 저축성보험에 추가 납입을 하게 될 때 회사별로 수수료가 없는 경우도 있으나, 보통 2~4%에서 많게는 9%까지 차감하는 경우가 있습니다. 예를 들어 월 납입액 25만 원인 저축성보험에 50만 원을 정기적으로 추가로 낼 경우 수수료가 4%라면 매월 2만 원의 수수료를 뗄 것이며, 일시에 5천만 원을 넣는 경우 2백만 원의 추가 납입 수수료를 부담하게 됩니다. 추가 납입 수수료를 받지 않는 보험회사의 상품인 경우 이런 면제 효과를 충분히 누릴 수 있습니다.

05

가정의
자원을
재구성하라

돈은
안 쓰는 것이다?

TV 프로그램 〈김생민의 영수증〉을 보면 연예계 대표 알뜰맨으로 소문이 자자한 김생민 씨가 "돈은 안 쓰는 것이다"라며 의뢰인의 영수증을 탐색하고 "돈 안 쓰는 당신, 그뤠잇! 돈 마구 쓰는 당신, 스튜핏!"이라고 외칩니다. 그 모습을 보고 많은 시청자가 공감을 하죠. 그 방송의 인기 덕에 김생민 씨는 20여 개의 광고를 찍었고, 남자 광고 모델 브랜드 평판 1위를 차지하기도 했습니다. 그는 돈과 관련한 많은 어록을 쏟아내기도 했습니다.

· 커피는 선배가 사줄 때 먹는 것이다.
· 옷은 기본이 22년이다.
· 아이가 뭘 사달라고 하면 딴소리로 주의를 분산시켜라.
· 지금 저축하지 않으면 나중에 하기 싫은 일을 해야 한다.

· 앞뒤가 맞지 않는 소비는 잘못된 것이다.
· 가족과 함께할수록 과소비는 근절된다.
· 모두가 다 가는 길은 지름길이 아니다.

물론 그의 방송을 보고 "저렇게 짠돌이로 살다가 스트레스 받아 죽을 것 같아"라고 말하는 사람들도 있습니다. 불편해서 어떻게 사느냐는 것이죠. 그럼에도 불구하고 김생민 씨의 짠테크가 왜 각광을 받는지 곰곰이 생각해보아야 합니다.

마음껏 쓰기 위해 돈을 번다는 소비주의 풍조가 만연하다 보니 돈을 쓰지 않으면 불행할 것 같습니다. 남들이 다 가지고 있는 것은 나도 가져야 직성이 풀립니다. 그런데 돈을 실컷 쓰고 뭐든 다 가져도 행복하지 않습니다. 왜 그럴까요? 내가 주도적으로 돈을 사용하지 못했기 때문입니다.

'원 없이 돈을 펑펑 쓰고 싶지만, 그보다 값진 일을 위해 쓰지 않는다', '남이 가진 것이라고 나에게 꼭 필요한 것은 아니다'라며 돈을 분별 있게 사용하는 것이 진짜 능력입니다. 이런 능력을 갖고 있는 사람이 진짜 부자가 되어야 합니다. 돈을 주도적으로 아낄 수 있는 사람이 정말 필요한 곳, 소중한 일에 제대로 돈을 쓸 수 있기 때문입니다.

먼저, 돈을 쓰지 않은 데에서 자기 성취감을 맛보아야 합니다. 김생민 씨가 17년 동안 꾸준히 돈을 모을 수 있었던 것은 '안 쓰는 즐거움'을 알았기 때문이라고 생각합니다. 돈을 쓰지 않는 것이 괴롭기만 했다면, 어느 순간 눌러왔던 불만이 터져 지속하기 어려웠을 것입니다. 하지만 돈을 쓰지 않으면 생기는 뿌듯함이 있기에, 그 감각을 즐기고 지속할 수 있었다고 봅니다.

희망제작소의 이원재 前 소장은 한 인터뷰에서 "경제생활도 다른 생활과 마찬가지로 가치와 효율성을 균형 있게 생각하면서 의사결정을 내려야 바람직하다"라고 강조했습니다.

그러면서 최근 회자되고 있는 '착한 소비'는 '본연의 소비생활을 회복하자는 운동'으로 '사람을 위한 가치가 포함된 소비를 지향하는 것'이라 설명합니다. 이는 '사회적 가치를 실현하는 기업이 필요하다', '자본 중심이 아니라 사람 중심의 생산을 해야 한다', '공동체 정신이 살아 있는 마을을 만들자' 등 우리가 잃었던 사회를 되찾자는 운동과도 연결됩니다. 그런데 '유독 경제생활에는 어떤 가치나 윤리가 들어갈 틈이 없다고 생각하는 경향'이 있습니다. 이상하게 경제생활을 할 때 가치 판단이 흐려지는 것이 문제라는 것이죠.

경제자유주의의 아버지라 일컬어지는 애덤 스미스는 《국부론》에서 시장의 기본 원리를 다음과 같이 요약했습니다.

> 우리가 저녁식사를 기대할 수 있는 것은 빵집 주인과 양조장 주인, 푸줏간 주인의 이타심 때문이 아니라 그들의 이기심 때문이다.

자본주의 경제생활은 시장에 들어선 순간 이기심에 따라 행동하도록 메커니즘이 작동한다는 뜻입니다. 소비자가 그렇게 활동해야 시장이 효율적으로 돌아가기 때문이죠. 이는 자본주의의 토대가 되는 주류 경제학의 오래된 기준으로 경제생활에서는 가치, 윤리를 빼는 게 당연하다고 받아들이게 했습니다. 이를 통해 자본주의가 성장하는 토대가 마련된 반면, 우리가 아무리 경제생활을 활발하게 해도 여전히 불만족스럽고, 불행하다고 느끼게 하는 원천이 되었습니다.

사회학자 노명우 교수는 '세속을 산다는 것'에 대해 치열하고도 명쾌하게 풀어낸《세상물정의 사회학》을 통해 소비주의에 잠식당한 삶의 허상을 다음과 같이 파헤쳤습니다.

> 소비는 도취의 힘을 갖고 있다. 소비는 매혹적이다. 한 편의 잘 만들어진 상업 영화를 소비할 때 우리는 잠시나마 세상의 근심에서 벗어날 수 있다. 맛있는 음식은 미각세포를 즉각적으로 흥분시키고, 마음에 드는 옷 한 벌은 피부의 세포들을 자극해 황홀경으로 이끈다. 하지만 소비는 풍요(豐饒)를 약속하는 듯해도, 또 다른 소비로 이어지는 채워지지 않는 밑 빠진 독과도 같다. 채워지지 않기 때문에 욕망이라 한다. 욕망은 채울 수 있다는 기대로 포장된 유혹이다. 욕망은 채워지지 않기 때문에, 욕망에 저당 잡힌 인생의 행로는 끝이 없다. 욕망의 악순환에서 벗어날 수 있는 탈출구는 소비주의에도 세속적 성공에도 없다.

그러면서 노명우 교수는 소비와 욕망의 악순환을 날카롭게 지적합니다. 따라서 '소비주의에 잠식당한 영혼'은 '풍요'라는 단어를 '럭셔리나 트렌디함'과 혼동한다는 것입니다. 현대인은 가치 전도된 풍요라는 본래의 뜻을 회복해야만 합니다.

한 중년 여성은 이렇게 고백했습니다.

"나는 스트레스를 받을 때마다 쇼핑을 해요. 혼자 살아서 자녀교육비가 들어갈 일도 없으니 돈을 버는 족족 나를 위해서만 쓰는 거예요. 결혼한 친구들은 부럽다고 해요. 그들은 납득하기 어렵겠지만 나는 내 자신이 너무 이기적이고 못나 보여요. 그런데도 인생 뭐 있나 싶고 헛헛한 마음이 들면 두세 시간 정신없이 쇼핑을 해요. 한 보따리 사들고 집에 들어오면 '또 졌다'라는 감정 때문에 마음이 어두워져서 나 자신에게 욕을 할 때도 있어요. 이러다 앞으로 큰일 나겠다 싶어 돈을 안 쓰기로 작정하고 집에 들어온 날은 마음이 훨씬 가벼워요. 내가 대견하기도 하고요. 돈을 많이 벌어서 하고 싶은 거 다하며 살면 행복할 것 같은데, 버는 돈은 한정되어 있으니 결국엔 죄책감마저 들더라고요."

그녀의 죄책감은 어디에서 오는 것일까요? 그녀가 언급하지 않은 여러 문제들이 얽혀 있을 수도 있지만, 무엇보다 소비에 잠식당한 자신을 의식하면서 느끼는 고통은 아닐까요? 대다수의 사람이 이런 고민, 고통을 안고 살아갑니다.

'누가 돈을 쓰고, 쓰지 않는 결정을 주도하느냐'가 관건입니다. 이제는 무엇에 돈을 쓰고 쓰지 않을지 선택해야 합니다. 욕망의 허상인 소비주의로부터 나 자신과 가정을 구해야 합니다. 평소 자신과 가정의 소비 습관을 면밀히 살펴보고, 돈을 써야 할 항목과 쓰지 않을 항목을 구분해보세요.

우선 단순하게 '어떤 일에 돈을 썼을 때 만족감을 얻는지', '어떤 일에 돈을 쓰면 마음이 불안한지'를 생각해봅시다. 그리고 그 만족감이나 불안감이 드는 이유를 정직하게 따져보세요. 다른 누군가의 평가나 기준이 아니라, 내 자신이 어떻게 생활을 감각하고 있는지 구체적으로 살펴보자는 뜻입니다.

	돈을 써야 할 항목	돈을 쓰지 않을 항목
1		
2		
3		
4		
5		

좋은 삶이 펼쳐지는 터전을
가꾸고 있는가

노명우 교수는 《세상물정의 사회학》을 통해서 우리가 지향하는 '풍요로운 삶'이 무엇인지 묻습니다. 풍요란 본래 '좋은 삶을 누리는 사람에게만 허락된 행복'이라고 합니다. 그런데 오늘날 '소비주의에 갇힌 풍요'는 본래의 가치를 잃었으며 '풍요로운 곳은 비싼 옷과 희귀한 음식이 넘쳐흐르는 곳이 아니라, 좋은 삶이 펼쳐지는 터전'이라는 것입니다.

그렇다면 '좋은 삶'이란 무엇일까요?

좋은 삶이란 특별한 삶으로 귀착되지 않고, 화수분(貨水盆)처럼 나누어도 줄어들지 않는 호혜의 관계를 통해 얻을 수 있다. 그래야만 특별한 삶이 아닌 평범한 삶을 살아가는 사람도 좋은 삶을 꿈꿀 수 있다. 풍요로운 사회는 세속적 성공 여부와 상관

없이 행복을 꿈꾸는 사람에게 좋은 삶을 도달할 수 있는 길을 제시하는 곳이다. 좋은 삶은 삶의 주인의 오랜 습관으로만 도달할 수 있는 경지다.

위와 같은 사회학자의 시선을 통해 '우리 가정경제가 좋은 삶이 펼쳐지는 터전인가'를 거듭 반복해서 묻기를 제안합니다. 진정 나는 좋은 삶을 바라는지, 단지 남보다 빨리 성공하고, 더 많이 소유하고, 더 높은 수준의 소비를 즐기고자 하는 '욕망의 터전'을 바라는지 책임감을 가지고 응답할 필요가 있습니다.

저마다 좋은 삶의 기준이 다르겠지만, 삶의 주인으로서 돈을 쓰지 않기로 선택한 항목을 '좋은 삶을 펼치는 터전 마련 기금'으로 흘러가게 해야 합니다. 돈을 쓰지 않겠다고 작정하는 것도 중요하지만, 이를 어디로 흘러가게 할지 목표를 세우는 일이 병행되어야 합니다. 그리고 언제까지 목표를 달성할지 계획하고, 6개월에 한 번씩 점검해봅시다. 제대로 실천하지 못했더라도 포기하지 말고 다시 시작하기를 반복하세요. 이는 '오랜 습관으로만 도달할 수 있는 경지'임을 명심하고, 꾸준히 연습해야 합니다.

먼저 '나에게(가족에게) 좋은 삶이 펼쳐지는 터전이란' 무엇인지 구체적으로(현실적으로) 생각해보세요. 평소 꿈꿔왔던 '여행'인가요? 돈과 시간에 쫓겨 미뤄왔던 '취미생활'인가요? 어려운 이웃을 위해 내밀고 싶었던 '손길'인가요? 사회가 바람직한 길로 나아가도록 이바지하고 싶은 '사회운동'인가요? 사랑하는 그/그녀에게 주고 싶은 '선물'인가요? 평생 고생하고 사신 부모님에게 드리고 싶은 '노후자금'인가요?

	좋은 삶을 펼치는 터전 마련 기금	시작일	점검일	완성일
1				
2				
3				
4				
5				

비우고, 공유하고,
지속하라

앞의 과정을 밟아온 당신에게 '비우고, 공유하고, 지속하는' 생활을 해나갈 것을 제안합니다. 기본 의식주 생활은 물론, 그와 관련한 경제, 문화, 사회 활동에서 덜어낼 것은 덜어내고, 공유할 것은 공유하는 삶을 지속하자는 것입니다. 진정한 삶의 향유는 넘치거나 모자라지 않게 소유하고, 넉넉한 것은 속히 나누고 공유하며, 군더더기 없이 깔끔하게 살아가는 태도를 지속하자는 의미입니다.

작은 것의 아름다움을 추구하면서 온갖 포장과 과장을 거둬내고 본디 자기 얼굴로 나 자신, 우리의 본연을 찾아가야 할 때입니다. '비우고 공유하고, 지속하는' 기술(예술)이 절실할 때입니다. 그러한 삶의 순환이 가정경제에 이루어져야 합니다.

집 안을 새롭게 단장하기 위해 고른 벽지를 낡은 벽지 위에 더덕더덕 붙이는 사람이 있을까요? 헌 벽지를 말끔하게 뜯어내야 새 벽지가 잘 붙습니다. 나의 몸이 오늘 먹은 음식을 잘 소화시켜야 내일의 양식도 잘 받아들일 수 있습니다. 이처럼 삶의 구석구석 덜어내지 않고 채울 수 있는 것은 없습니다.

'만족(滿足)'이란 한자 그대로 '발, 뿌리, 근본까지 차다'라는 뜻입니다. 만족이란 머리부터 발끝까지 피가 도는 것입니다. 우리 몸에 피가 모자라지도 넘치지도 않게 흐르면 그것으로 충분하다는 말입니다. 그런 '적절한 만족감'을 느끼며 살아가려면 일상에 넘쳐나는 것을 덜어낼 필요가 있습니다. 다만 '덜어낸다'를 '버리기' 위한 변명으로 이용해서는 안 됩니다. 넘치는 것을 덜어서 타인과 나누고, 공유하는 성숙한 경제생활에 방점을 찍으시기 바랍니다.

'지속하기'는 어제와 오늘, 내일을 연결하는 경제적인 태도, 습관을 말합니다. 하루하루 야무지게 비우고 공유하는 삶을 견지할 때 또 새롭게 지속하는 인생이 가능할 것입니다. 과거의 상처든 쓸모없는 물건이든 이런저런 인생의 쓰레기더미에 갇혀 앞으로 펼쳐질 인생을 희망할 수 없다면 얼마나 불행합니까?

영국의 경제학자 리처드 레이어드는 《행복의 감정》에서 '국민소득이 2만 달러를 넘으면 소득과 행복의 상관관계는 크지 않다'라고 했습니다. '소득에 대한 만족'은 '사회적 비교와 습관화'에 의해 좌우되며, 결국 '다른 사람의 소득 증가가 자신의 행복을 감소시킨다'라는 말입니다. 자신과 남을 끊임없이 비교하면서 불만을 품고 현실을 왜곡하여 스스로 불행을 자초한다는 것이죠.

현재 우리 사회가 그렇습니다. 먹을 것조차 부족하던 시절에는 불만족스러운 여건을 만족스러운 환경으로 바꾸기 위해 열심히 일해서 경제도 성장했고, 풍요를 누리게 되었습니다. 그런데 비교와 경쟁이 과열되면서 삶은 어느 때보다 불만족스러워졌습니다.

김소운의 수필《가난한 날의 행복》에 소개된 이야기가 떠오릅니다. 가난한 신혼부부가 있었습니다. 남편은 실직하여 살림을 맡고, 아내가 밖에 나가 일을 합니다. 그러던 어느 날 쌀이 떨어져 아내가 아침을 거르고 출근합니다. 남편은 "점심을 지어놓을 테니 집에 와서 식사해"라고 말합니다. 점심시간, 아내가 집에 들어오니 남편은 없고, 신문지로 덮인 밥상에 따뜻한 밥 한 그릇과 간장 한 종지가 차려져 있습니다. 상 위에는 '왕후의 밥, 걸인의 찬… 이걸로 우선 시장기만 속여두오'라는 남편의 쪽지가 보입니다. 아내는 눈물을 흘리면서 '왕후가 된 것보다 더한 행복'을 느꼈습니다.

물질적 풍요만을 삶의 목표로 삼던 시대는 지났습니다. 자기계발 열풍이 불고, 복잡한 세상을 살아가는 처세론이 득세하지만, 여전히 우리는 만족할 만한 해답을 얻지 못하고 있으니까요. 완전한 만족을 누리며 살기란 어렵습니다. 다만, 나름대로 어떻게 더 나은 삶을 살아갈까 고민하고, 순간순간 노력하는 길밖에 없습니다. 불만족스러운 현실을 만나더라도 거기에 매이지 않는 지혜를 조금씩 깨우치며 만족하는 연습을 하는 과정 자체에 의미가 있습니다.

딱 알맞은 만큼만
가지고 살기

컵에 물을 따를 때 어느 정도를 붓습니까? 사람마다 차이가 있겠지만, 보통은 물을 마실 때 쏟아지지 않을 정도로 적당히 채웁니다. 우리는 지나치게 많음이 삶을 만족시키는 최적의 조건은 아니라는 진실을 잘 알고 있습니다. 40, 60평대의 넓은 아파트에 살아도 언제나 내가 딛는 바닥은 내 발 사이즈 만큼입니다. 내가 일하는 공간, 누울 수 있는 잠자리도 양팔과 다리를 벌린 정도입니다. 생활하는 데 '알맞은 정도'가 어느 만큼인지 내 몸과 마음은 이미 잘 알고 있습니다. 나에게 가장 알맞은 만큼 유지하고, 넘치지 않게 비우는 습관을 유지하는 것이 만족하는 삶의 조건은 아닐까요? 우선 그 '알맞음'이 어느 정도인지 알아볼 필요가 있습니다.

어떤 물건을 사고자 할 때 마음이 어두워진 적은 없는지 생각해봅시다. 불필요한 소비는 부정적인 감정을 일으킵니다. 어떤 집착이나

중독에 빠지지 않았다면 누구나 나에게 알맞은 만큼이 어느 정도인지 분별할 수 있습니다. 더불어 '왜 샀는지 기억나지 않는 물건', '1년 이상 공간만 차지하는 물건' 등 집 안에 불필요하게 사들인 물건들을 정리해봅시다.

스티브 잡스는 검은색 상의와 청바지를 고수했습니다. 많은 사람이 아침마다 어떤 옷을 입을까 고민하는데, 그런 데 신경 쓰지 않고 자신의 시간자원을 아낀 것이죠. 꼭 그렇게까지 하지 않아도 어떤 삶을 지향하고 싶은지 구체적으로 적어보면 큰 도움이 됩니다. 최소한의 물건으로 사는 즐거움을 경험하면 삶의 만족도가 높아진다고 하니, 직접 체험해보는 것이 어떨까요?

	마음을 괴롭히는 물건 목록
1	
2	
3	
4	
5	
6	

자주 이사를 다녀봤다면 잘 알 겁니다. 짐 정리를 하다 보면 쓸모없는 물건들이 여기저기에서 나타납니다. 심지어 언제, 어디에서, 얼마를 주고, 왜 샀는지 기억나지 않는 물건들도 있죠. 온갖 잡동사니에 둘러싸여 있으면 '그동안 무슨 짓을 하고 살았나' 자괴감에 빠지기도 합니다. 어느 순간에 나를 만족시켰던 물건들이(그 순간은 사라지고) 차곡차곡 쌓여 지나치게 많아지면 삶의 질은 물론, 효율성도 떨어집니다.

혹시 집 안에 빈 공간이 없을 정도로 많은 물건이 쌓여 있지는 않나요? 옷, 신발, 가구 등은 많으면 많을수록 좋을 것이 없습니다. 먼저 어떤 물건들이 있는지 파악해서 한꺼번에 정리하지 말고 조금씩 구역을 나누어 점검해봅시다.

아기 장난감, 책 등 누군가와 공유하면 좋을 물건, 누군가에게는 필요해 보이는 물건, 어느 단체에 기증하면 유용한 물건, 버리는 것이 나은 물건 등을 구별해보세요.

구역	항목	매우 필요한 물건	( )와 공유하면 좋을 물건	( )에게 필요할 듯한 물건	( )에게 기증할 물건	필요 없는 물건
침실						
거실						
옷방 (계절별)						
화장실 /베란다						
창고						
기타						

쓸모없다고 마구 버리면 마음이 좋지 않습니다. 나는 필요하지 않아도 다른 누군가에게 필요한 물건이라면 기꺼이 내주어도 아쉽지 않을 것입니다. 가까운 친구가 좋아할 만한 책, 옆집 누군가에게 어울릴 만한 넥타이, 나와 체격이 비슷한 직장 동료에게 맞을 만한 옷 등을 생각해보세요. 떠오른 사람이나 기관의 이름을 적어 물건에 붙입니다. 단, 상태가 좋은 것으로 선별해야겠죠?

그들을 집으로 초청하거나 밖에서 만나 물건에 담긴 이야기를 나누며 상대방에게 그 물건이 필요한지 묻습니다. 아주 저렴한 가격에 팔아도 괜찮고, 그냥 선물해도 좋지만, 강제로 떠넘겨서는 안 됩니다. 이런 과정을 통해 물건도 소유가 아니라 나눔의 대상인 것을 경험하면 좋겠습니다. 쌓아두기보다 깨끗이 덜어내고 사는 '우아한 즐거움'을 느껴보세요. 그런 시간을 통해 무엇인가를 많이 가진다고 삶이 만족스러운 것은 아니라는 진실에 가까이 다가갈 수 있습니다.

소유하기보다
공유하는 경제생활

공유경제란 생산품을 여럿이 공유해 쓰는 협력 소비를 기본으로 한 경제 방식입니다. 즉 지식, 서비스, 사무실, 집, 음식 등 생활 전반에 걸쳐 자기가 가진 것을 필요한 만큼 다른 사람과 공유하는 것입니다. 공유경제는 20세기 자본주의 경제의 대량 생산, 대량 소비에 대비해 생겼는데, 최근에는 경기 침체와 환경오염에 대한 대안을 모색하는 사회운동으로까지 확대되고 있습니다. 독점하지 않고 나누고 공유하면 세상은 어떻게 달라질까요?

영국, 미국 등 많은 나라에서 공유경제 모델 비즈니스가 인기를 얻으면서 국내에서도 서울시를 비롯한 많은 지자체가 관심을 보였습니다. 내게 필요하지 않은 잉여, 유휴자원을 필요로 하는 사람과 공유하며 불필요한 소비, 자원의 낭비를 막는다는 점에서 긍정적인 평가를 받았고, 그 성장 가능성에 기대를 모으고 있습니다.

공유경제는 세계적으로 보편화된 무선 인터넷과 스마트폰이 불러온 또 다른 생활 변화입니다. 1990년대만 해도 유비쿼터스(ubiquitous, 어디에나 있는)가 무엇인지 이해하기 어려웠습니다. 어떻게 언제, 어디서나, 누구든지 그 거대한 정보 통신 환경 네트워크에 접속할 수 있는지 체감할 수 없었죠. 그런데 휴대, 이동전화를 넘어 무선 인터넷 접속 기능의 스마트폰이 등장하자 세상의 판도가 바뀌었습니다.

생활 구석구석에 컴퓨터 관련 기술이 스며들고, 직접 만나지 않아도 온라인상에서 엄청난 인맥을 맺으며 실시간으로 소통하고, 다양한 온라인 장터를 열어 거래하고 교환하고 소비하고 함께 즐기는 등 전에 없던 짜릿한 세상을 경험하게 된 것입니다. 이젠 어디서나 손바닥 안 스마트폰 세상에 몰입한 사람을 발견할 수 있습니다. 이로 인해 개인이 고립되고 뿔뿔이 흩어지는 사회적 폐단을 걱정하는 동시에 세상이 '소유에서 공유로' 방향을 전환하는 데 박차를 가하고 있다는 신호가 여기저기에서 울리기 시작했습니다.

기업에서는 회사가 갖고 있는 매출채권 등 유휴 자산을 이용하여 자산유동화증권을 발행해 자금을 융통하기도 합니다. 최근 몇 년간 부동산투자의 트렌드 역시 낡은 건물을 보수하여 활용도와 부가가치를 높이는 방향으로 바뀌고 있습니다.

한 TV 프로그램에서 '공동 냉장고' 실험을 했습니다. 한 아파트 승강기 앞에 냉장고를 놓고 '누구나 자유롭게 꺼내 먹을 수 있는 나눔 냉장고'라고 써 붙였습니다. 주민들은 처음엔 주저하다가 냉장고 문을 열어보았습니다. 산책 나갔던 할아버지는 시원한 요구르트를, 출출한 학생들은 과자를, 한 아주머니는 찬거리 재료를 가져갔습니다. 공동 냉장고가 텅텅 비어갈 때쯤, 요구르트를 가져갔던 할아버지는 초코파이 한 상자를, 찬거리를 가져갔던 아주머니는 두부를 가져다 놓았습니다. 할아버지의 초코파이를 꺼낸 여학생들은 포스트잇에 '잘 먹겠습니다. 고맙습니다'라고 써 붙였습니다. 소소한 일일 수도 있지만, 낯선 이웃과 나의 것을 공유하고, 나누는 순환이 이루어지는 것을 보면서 뭉클하기까지 하더군요.

집이든 땅이든 돈이든 명예든 자기 소유를 늘리기 위해 일생을 바쳤다 해도 과언이 아닌 기성세대와 달리, 요즘 많은 사람이 '더 많이 소유하려고 안달하는 일'에 염증을 느낀다고 합니다. 소유에 집착할수록 본질을 상실하고, 지금 이 순간을 누리지 못해 행복을 놓치는 것이 괴롭다는 말입니다. 무슨 배부른 소리냐고 하겠지만, '소유가 행복의 필수 조건은 아니라'라는 의식이 깨어났다는 데 의미가 있습니다. 이에 무엇이든 독점하기보다 개인과 개인, 개인과 공동체, 기업, 나라들이 다양한 방식으로 나누고 공유하면서 '알맞게 누리고 사는 길'을 모색하고 있습니다.

이러한 변화의 물결이 현대 자본주의 사회의 어두운 일면인 인간 소외와 인간성 상실, 빈익빈 부익부, 불공정한 소득 분배, 기회 불평

등 자연 환경오염의 악순환에서 벗어나 새로운 시대의 물꼬를 터주리라 기대하는 목소리가 커지고 있습니다.

사실 공유의 가치가 처음 나온 이야기는 아닙니다. 예전부터 우리는 서로 나누고 공유하는 일들을 해왔죠. 그런데 왜 이기주의가 극에 달한 시점에 새로운 '공유의 미래'를 기대할까요? 공유에 대한 질문을 통해 '소유에서 공유로의 흐름'에 주목하면서 우리 주변에 스며든 공유생활을 직접 체험해보면, 우리 가정에도 새로운 '라이프 스타일'의 가능성이 열릴 것입니다.

2008년 8월에 창립한 숙박 공유 플랫폼 스타트업 〈에어비엔비(Airbnb)〉, 나에게는 쓸모없는 물건이지만 남에게는 소중한 자원이 될 수 있는 중고 물품을 거래하는 온라인 장터 〈순환자원거래소〉, 서울시 〈공유허브〉 사이트, 출근길 〈공공자전거〉, 낮밤이 다른 〈공유 임대 식당〉, 공유 주차장을 검색할 수 있는 〈모두의 주차장〉, 각종 생활 공구를 빌릴 수 있는 〈공구도서관〉, 〈반찬 품앗이〉, 나눔 가게 〈아름다운가게〉와 〈돌고〉, 〈국민도서관 책꽂이〉, 주거 공간을 공유하는 〈셰어하우스〉 등을 통해 공유생활을 체험해볼 수 있으니 참고하기 바랍니다.

소반훈련으로
미래 준비하기

　　　　　　예전에 쓰던 작은 밥상, 소반을 기억하시나요? 형형색색의 반찬이 푸짐하게 차려진 큰 상이 아니라, 밥과 국, 김치, 나물 정도로 가짓수는 많지 않아도 한 끼 식사로 손색이 없는 소박한 상차림, 소반이 있었습니다. 가정경제도 소반을 차려보는 훈련이 필요합니다. 가정의 소득이 갑자기 반으로 줄었을 때를 가정하고, 과연 여러 가지 지출 항목 중에서 무엇을 줄일 수 있는지 계획해보는 훈련입니다. 일종의 가정경제 민방위훈련이죠.

　지출 항목을 절반으로 줄여보는 가상의 소반훈련을 위해서는 우선 현재 우리가 얼마나 쓰고 있는지를 알아야 합니다. 실제로 가정경제 상담을 하다 보면 한 달에 얼마를 벌고, 얼마를 쓰는지 모르는 사람이 대부분입니다. 가계부를 써보려 노력하지만 약발이 그리 오래 가지 않죠. 우리 가정의 지출 패턴을 파악할 때는 통장 이체 내역과 카드 명세서를 자세히 들여다보는 것이 좋습니다.

1년 내내 억지로 가계부를 쓰려 하지 말고, 1년에 딱 한 번이라도 집중해서 3개월 정도의 카드 명세서를 항목별로 분류하고 월평균을 내보시기를 권합니다. 점검하다 보면 생각지도 않게 나가는 항목이나 꼭 필요하지 않은데 어느새 고정비용이 되어버린 대여비 등이 눈에 번쩍 들어올 것입니다. 그렇게 항목을 구체적으로 점검하고 나면, 무슨 항목에서 지출을 줄여갈 수 있는지 파악하고 실행하기 쉽습니다.

카드 명세서 지출 항목별 분류하기 & 월평균 내기 예시

한 장으로 보는 1년 엑셀 가계부 2018						
			1	2	3	합계
수입	월급	남편	270	252	275	797
		아내	260	260	260	787
		기타				1,577
		합계	530	512	535	3,154
지출	식비 외식비	남편	45	60	53	158
		아내	13	3	15	31
		기타	2	1	3	6
		합계	60	64	71	195

※3개월 분량

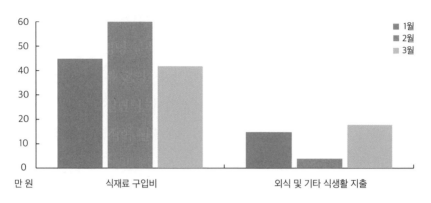

변동지출(마트, 외식, 경조사비, 용돈)

일상의 자질구레한 지출을 없애고 식비와 외식비를 아낀다면 수십만 원 정도는 줄일 수 있지만, 소반훈련의 목표인 '지출 절반으로 줄이기'는 바로 한계에 봉착합니다. 더 이상 줄이기 어려운, 정말 포기하고 싶지 않은 '가치관과 삶의 질'을 선택하는 문제가 남아 있기 때문입니다.

대표적인 항목이 자녀 사교육비, 주거비(관리비, 대출 이자, 월세), 차량유지비(할부금 포함)입니다. 소득이 절반으로 줄어든다는 상상은 끔찍하지만, 조금은 냉철하게 가상의 전쟁을 치러야 합니다.

자녀 사교육비는 그 나이 또래에 당연히 지출해야 할 현실적인 비용일까요? 이는 부모의 교육관이 반영된 비용, 나아가 인생관의 문제인 동시에 '한 인격체로서 자녀의 삶'에 매우 중요한 문제입니다.

현재 모대학교에 재학 중인 한 여학생은 중학교 때 부모님에게 "학원에 다니는 게 나와 맞지 않으니 부족한 과목만 친구들과 '방과 후 교실'로 보충하고, '자기주도학습'을 도전해보겠다"라고 했습니다. 부모는 불안했지만 딸의 당찬 도전을 믿고 응원해주었습니다. 여학생은 처음 몇 학기는 성적이 오르지 않아 포기할까도 생각했지만, 마음을 다잡고 공부한 결과, 성적이 조금씩 올랐습니다. 성취감을 맛본 여학생은 성적에 연연하기보다 즐겁게 공부하는 법을 터득했고, 소신있게 지원한 대학교에도 합격했습니다.

반드시 자기주도학습을 선택하지 않더라도 부모가 자녀에게 솔직히 가정경제 상황을 이야기해주고, 지원해줄 수 있는 부분은 무엇이고 한계는 무엇인지 알려주는 것이 좋습니다. 그리고 부모와 자녀가 함께 재무 대화를 통해 사교육비 지출이 아닌 다른 방법을 모색하며 어려운 현실을 극복한다면, 이보다 훌륭한 가정 재무 교육이 따로 있을까요? 이와 같이 가정경제 자원을 재구성해보시기 바랍니다.

주거비나 차량유지비 역시 삶의 우선순위에 직면하면서 '결단의 의지와 방향'을 확인해봐야 합니다. 무리한 담보대출 원금과 이자를 감당하면서 넓은 평수의 새 아파트를 고수할 것인가, 아니면 집을 줄여갈 것인가, 월세를 줄이고 작은 전세로 갈 것인가, 차량을 처분하고 할부금 없이 중고차를 타면서 최소한 아이들 대학자금 마련 저축을 유지할 것인가 등 가정의 상황에 맞춰 다양한 지출 항목과 재무 목표를 교환하면서 가정의 비상 경영 계획을 세우는 것이 중요합니다.

가정의 현실을 직시하면서 재무적인 우선순위를 조정하고 지출을 점검해야 함에도 막연히 '더 벌어서' 소득만으로 해결하려는 가정이 많습니다. 재무 상담사로 지낸 만 10년 동안 참으로 다양한 사례를 만났습니다. 맞벌이를 하다가 갑자기 외벌이로 돌아선 대기업 직장인 부부, 갑작스러운 질병과 후유장애를 얻게 된 고액 연봉자, 강남에 빌딩이 두 채나 있었지만 사업 실패로 소형 화물차를 운전하고 있는 남성의 사연이 저의 가슴에 남아 있습니다. 세계 최고를 달리던 대기업 조선사들의 경영난으로 근로자들에게 닥친 구조조정과 하청회사의 연쇄 파업, 실업 등 요즘 뉴스를 보면 참으로 '영원한 것은 없다'라는 것을 실감합니다.

안타까운 것은 부정적인 변화에 대한 대비나 적응 훈련 없이 경제적인 어려움이 닥치면 '비경제적인' 문제로 더 큰 타격을 받는다는 것입니다. 자녀들은 정서적인 혼란과 충격에 휩싸이고, 돈을 중심으로 보이지 않던 문제와 가족 간의 불편한 감정들이 드러나면서 갈등이 격화되기도 합니다. 중년 세대는 생각보다 빨리 찾아온 퇴직으로 소득이 줄면 불안하고 조급한 마음이 앞서 국민연금을 당겨 받거나 보험, 연금 등의 금융상품을 해약하는 등 재정적인 실수를 하고 맙니다.

그래서 소득이 절반으로 줄게 되었을 때(이미 줄었더라도)를 가정하는 소반훈련을 진행하는 것이 바람직합니다. 어떤 변화가 와도 사랑하는 가족과 가정경제만은 지킨다는 긍정적인 마인드로 시작하면 좋겠습니다. 지나친 경각심으로 아버지/어머니/남편/아내만의 입장을 강요하거나 당장 생활비를 줄이자는 잔소리를 하면 오히려 역효과가 납니다.

월 고정 지출을 줄여보려 노력할 때도 갑자기 큰 금액을 줄이려 하지 말고, 가족이 함께 공유하는 적정한 선, 지출 관리의 가이드 라인을 정한다 생각하면서 작은 금액이라도 줄여보세요. 최상의 상황을 희망하고, 최악의 상황을 대비하는 지혜가 절실합니다.

성공이든 실패든 가족이 함께한다는 의지로 소반훈련에 임한다면, 장차 미래에 나이가 들어도 실제로 마주할 '소반'에 감사하고 만족하지 않을까요?

가족이 함께(1인 가구는 혼자서) 소반훈련을 실천해봅시다. A4 용지한 장과 포스트잇을 준비합니다. 각자 다른 색의 포스트잇에 '정기적으로 지출하는 항목'을 하나씩 적어 A4 용지에 붙입니다. 그리고 다시 포스트잇을 떼어내고, A4 용지를 반으로 접습니다. 반으로 접으면전에 붙였던 지출 항목을 모두 다 붙이기 어려울 것입니다. 그때 어떤지출 항목을 빼고, 어떤 지출 항목을 붙일 것인지 상의하고, 합의한지출 항목 포스트잇을 붙입니다. 그리고 소반훈련을 통해 줄일 수 있는 지출 항목이 나왔다면, 언제부터 어떻게 실행하면 좋을지 선택하고 함께 결정합니다.

숫자 중심의 자산보다
다양한 자원 발굴하기

한 생명보험사에서 '전 국민 자산 진단 캠페인'으로 TV 광고를 한 적이 있습니다. '행복한 인생은 자산 체크로부터 시작된다'라는 캐치프레이즈로, 가정의 자산을 4가지 영역(보장 자산, 은퇴 자산, 금융 자산, 상속 재산)으로 나누어 점검하자는 내용이었습니다. 인생을 살면서 위험 요인을 탐색하고 대비하는 일도 필요하지만, 굳이 전통적인 보험 마케팅인 보장 자산 등 금융과 보험상품을 중심으로 자산을 4가지로만 구분했는지 못마땅했습니다. 숫자로 금융 자산을 진단하는 것보다 '가정 자원'에 주목할 필요가 있습니다. 숫자로 측정하기는 어려워도 가정 자원이야말로 '세상을 살아가는 힘'이기 때문입니다.

요즘 사회를 정의하는 키워드가 여러 개 있습니다. 시간 부족 사회, 피로 사회, 분노 사회, 부채를 부채질하는 사회 등. 돈을 벌고, 쓰고, 모아서 불리던 시절이 있었다면, 이제는 쓰고, 벌고, 갚는 시대라고 합니다. 신용카드를 통한 지출로 급여통장은 저축을 해보기도 전에 텅 빈 통장이 되고, 다음 한 달은 또 신용카드로 살아야 하는 가정이 많습니다.

누구나 감당해야 할(?) 지출 수준도 높아졌습니다. 집집마다 휴대용 통신비가 30만 원이 넘어가고, 중형급 자동차 정도는 있어야 하는 시대입니다. 게다가 월세나 담보대출 원리금 등 주거비가 높은 상황에서 자녀의 사교육비, 준비가 되지 않은 부모의 노후가 겹치고 있습니다. 돈을 쓰는 사람의 가치관이 반영된 의사결정이 아니라 누구나 이 정도는 기본으로 감당해야 할 지출 수준만 높아진 가운데, 가정경제에 비상이 울리고 있습니다.

엄청난 전셋값과 전세대출 이자의 부담, 물가 상승 등 빠듯한 생활이 현실이지만, 가정경제의 공동 목표를 세워 다양한 '자원'을 적극 찾아내고 활용해 재정적인 만족도를 높이려는 노력을 해야 합니다.

가족이 함께 모여 가정의 인적자원, 경제자원, 시간자원, 주거환경 자원을 각 10개 이상씩 적어볼 것을 추천합니다. "그렇게 많이?" 하고 반문할 수도 있지만, 세세하게 살펴보면 이미 가지고 있는 자원이 굉장히 많다는 것을 알 수 있을 것입니다. 다만 우리에게 어떤 자원이 있는지 그동안 발굴할 생각조차 못해왔을 뿐입니다.

인적자원이란 가족 구성원 각자가 가진 재능, 가능성, 잠재력, 성품, 생활 태도, 가치관, 친밀도 등을 포함할 수 있습니다. 그러면 역할 분담 차원에서 서로 어떤 부분에 도움을 주고받을 수 있을지 이야기 나눠볼 수 있죠. 지금 당장은 드러나지 않아도 앞으로 성장 가능한 자원을 놓치지 않는 것도 중요합니다. 경제자원은 순자산은 물론이고, 돈을 버는 데 유용하거나 돈을 아낄 수 있는 습관이나 체력도 포함할 수 있습니다. 물론 인적자원과 경제자원이 겹칠 수도 있지만, 활용도가 다를 수 있기 때문에 겹치더라도 생략하지 말고 기록하시기 바랍니다.

시간자원은 측정이 가능하고 다른 자원과 함께 사용되는 자원을 의미합니다. 즉 가정경제에 도움이 되는 모든 활동 시간을 말하죠. 맞벌이로 인해 가사노동 시간을 줄이려는 노력들을 많이 합니다. 빨래건조기, 로봇청소기, 설거지 기계와 같은 사용자산을 구매하여 활용하거나 빨래, 청소 횟수를 줄이거나 가사도우미를 고용하는 등 가사활동을 효율적으로 줄이는 방법을 선택합니다.

하지만 이처럼 시간의 효율성만 높이려는 시도는 가정의 전체적인 자원 측면에서 보면 합리적이지 못할 수 있습니다. 시간을 절약하기 위해 더 많은 돈을 써야 하거나 가사 활동 횟수를 줄임으로써 겪어야 하는 불편함은 주거환경자원에 대한 불만족으로 이어지기 쉽기 때문입니다. 무엇보다 시간을 효율성의 측면으로 따지기보다(돈으로 환산한 가치) '가족애'와 '삶의 가치'를 높이는 소중한 자원으로서 아끼려는 노력이 필요하다는 말씀을 드리는 것입니다.

《관계 중심 시간 경영》의 저자 황병구 한빛누리재단 본부장은 '시간'을 합리적으로 쪼개 쓰는 '관리 대상'으로만 볼 것이 아니라, 사람을 중심으로 한 '주도성'의 차원으로 이해할 것을 강조했습니다. 저자는 시간을 물리적인 시계시간과 사건시간으로 구분합니다. 시계시간은 60분, 1시간, 1일 등과 같이 물리적으로 셀 수 있는 개념의 시간을 말합니다. 서구의 시계 중심 사고는 산업사회의 단위 시간당 생산량을 측정하기 위한 산물, 즉 도구화된 시간입니다.

반면 사건시간은 자연적인 시간으로 활동 자체의 자발적인 흐름에 따라 결정됩니다. 우리는 시간을 물리적인 시간으로만 파악하는 데 익숙해 있습니다. 인생이라는 장엄한 시간의 흐름(사건 시간)에서 나의 위치를 점검하고 돌아보지 못했습니다. 변화를 시도하려는 사건은 밋밋하고 관계는 항상 소홀했습니다.

그렇다면 '사건 중심'으로 살펴보는 시간자원은 무엇이 있을까요? 육아휴직을 물리적 시간으로만 따지면 아주 골치 아픈 '헬육아' 기간에 불과할 것입니다. 하지만 사건시간의 관점으로 바라보면 육아휴직은 '멈추면 보이는 것들'의 잔상처럼 육아의 기쁨을 맛보는 시간입니다. 경제적으로 보면 비효율적인 시간이지만, 삶에 있어서 자녀와 애착을 형성하는 매우 중요한 시간인 것은 틀림없습니다. 이런 차원에서 시간자원을 재구성하면 어떨까요?

주거환경자원은 거주하고 있는 주택의 여건, 더 나아가 지역사회의 인프라(생산이나 생활의 기반을 형성하는 중요한 구조물)를 말합니다. 주민자체센터를 중심으로 지역사회의 공유경제나 마을 공동체가 활발해지는 시점에, 특히 육아종합지원센터를 통한 육아 용품 지원은 젊은 부부에게 큰 인기를 얻고 있습니다. 육아 용품을 거의 무상으로 대여하고 반납할 수 있기 때문이죠. 반드시 나의 소유가 아니어도 산책하기 좋은 공원이나 공공시설, 마을 도서관, 사회복지 프로그램, 회사 지원제도 등을 찾아 적극 활용해볼 수 있습니다.

가정 자원 찾기	
인적자원	가정 구성원이 소유하고 있는 특성 및 능력, 기술, 에너지, 지식, 흥미, 창의성, 태도, 개인 생활 존중, 개방성, 공동의 책임, 문제 해결의 개방성 등
시간자원	측정이 가능하며 다른 자원과 통합해서 사용/ 가사 시간, 근로 시간, 생리 활동 시간(수면 등), 여가 시간 등
경제자원	가정 구성원이 조절, 사용하거나 소유한 것/ 금융 자산(수입, 저축), 사용 자산(자동차 등 물건), 동력(전기, 연료) 등
주거환경자원	가정생활을 영위할 수 있는 거주 환경/ 주택, 자연환경, 편의시설, 직장과의 근접성, 교통 등
미래 가정자원	5년 단위로 가까운 미래에 가능한 가정 자원 찾아보기(잠재력 발굴 및 가능성 지원하기)
	5년 후:
	10년 후:
	15년 후:
	20년 후:

작지만 확실한 행복으로 가는 길

2017년에는 '욜로(YOLO)족'이 대한민국의 소비 트렌드를 이끌었습니다. '인생은 한 번뿐이다(You Only Live Once)'라 하여 '현재 자신의 행복을 가장 중시하고 소비하는 태도'가 강세였죠. 서울대 소비트렌드분석센터의 2018 전망 10주년 특별판인 《트렌드 코리아 2018》에 따르면 2018년에는 '왝더독(Wag the dog)', '소확행(작지만 확실한 행복)', '플라시보 소비'라는 키워드가 부상할 전망이라고 합니다.

왝더독이란 '꼬리가 몸통을 흔든다'라는 뜻으로, '대중 매체보다 1인 방송이 더 파급력을 갖거나 대형 매장보다 노점 푸드트럭이 인기를 끄는 등 비주류 상품이나 서비스가 주류시장을 압도하는 현상'을 말합니다. 소확행은 《무라카미 하루키의 한 수필집3》 '랑겔 한스섬의 오후'에 나오는 구절에서 만들어진 용어로, 평범한 일상 속에서 '작기는(小) 하지만 확(確)고한 행(幸)복'을 찾는 것을 의미합니다. 그리고 플라시보 소비란 '가격 대비 성능을 중시한 가성비보다 가심비가 더욱 중요한 소비다'라는 것을 일컫는 말로, 개인의 심리적 만족감을 따져

소비하는 현상을 말합니다. 즉 여전히 '삶의 질과 더불어 심리적 만족감을 중요시한 소비 트렌드가 부상한다'라는 전망입니다. 이와 같은 '소비 트렌드 전망'이 우리에게 무슨 의미를 던져줄까요?

2017년 12월 마지막 날, '묻지마 투자에 매몰… 가상화폐·P2P(개인 간 거래)투자로 한탕주의'라는 인터넷 기사가 눈길을 끌었습니다. 한 20대 취업 준비생은 인터넷 커뮤니티나 페이스북 등에서 '23세 대학생이 코인투자로 건물주가 되었다'더라, '누가 하루에 2백만 원을 벌었다'더라 등 일명 '카더라 통신'을 접하고, '남들은 이렇게 돈을 번다는데, 힘들게 일할 필요가 있을까?'라는 생각을 했다고 합니다. 그래서 그는 트론, 에이다, 스텔라루멘 등 여러 코인에 소액을 투자했다고 합니다. 한 30대 직장인은 마이너스 통장을 활용해 P2P에 투자를 할지 고민하고 있다고 했습니다. 요즘에는 취업난과 저소득에 갈 곳 없는 20~30대 청년층이 가상화폐와 P2P 금융시장 투자에 앞다퉈 뛰어들고 있다는 안타까운 소식을 어렵지 않게 접할 수 있습니다.

예나 지금이나 '불확실한 미래에 대한 불안감을 겨냥해 과도한 투자'를 부추기는 각종 업체가 우후죽순 나타났다 사라지곤 합니다. 덩달아 무모하게 '한 번 세게 배팅하는 한탕주의'도 거세게 일었다 무참히 주저앉기를 반복합니다. '오죽 현실이 막막하면 그랬을까' 이해가 되면서도, 우리 사회의 가정경제 교육이 얼마나 부재한가를 깨닫습니다.

우리가 흔히 말하는 '현실 감각'이란 무엇일까요? 눈에 보이는 현상만 바라보고, 세상에 떠도는 온갖 정보에 가슴 졸이고, 남이 내놓은 기준과 평가에 전전긍긍하는 일은 아닐 것입니다. 눈에 잘 보이지 않지만, 현상 뒤에 숨어서 재발견되기를 기다리는 '삶의 본질'에 접근하는 일, 거기서 다시 현실에 직면하고 길을 찾아나서는 감각, 그것이 진정 우리가 추구하고 되살려야 할 '현실 감각'입니다.

우리는 가정경제의 재구성을 통해 '작지만 확실한 행복'으로 가는 길을 선택하고자 합니다. 가정경제의 재구성으로 '다양한 성장 드라마'가 펼쳐지기를 기대합니다. 혼자서는 버겁고 힘들 수도 있지만, 함께라면 즐겁고 가능한 일입니다. 뜬구름 잡는 희망이 아니라, 날마다 균형 있는 경제 감각을 일깨워 작고 확실한 행복을 가꾸는 가정경제를 재구성하시길 응원합니다.

가정경제
재구성

지은이 | 박상훈의 지속가능한가정경제연구소
펴낸이 | 박상란
1판 1쇄 | 2018년 4월 1일
펴낸곳 | 피톤치드
교정 | 김동화 디자인 | 김다은
경영·마케팅 | 박병기
출판등록 | 제 387-2013-000029호
등록번호 | 130-92-85998
주소 | 경기도 부천시 길주로 262 이안더클래식 133호
전화 | 070-7362-3488
팩스 | 0303-3449-0319
이메일 | phytonbook@naver.com
ISBN | 979-11-86692-16-5 (03320)

「이 도서의 국립중앙도서관 출판예정도서목록(CIP)은 서지정보유통지원시스템 홈페이지(http://seoji.nl.go.kr)와 국가자료공동목록시스템
(http://www.nl.go.kr/kolisnet)에서 이용하실 수 있습니다.(CIP제어번호: CIP2018006431)」